Ludwig Schneller

Tischendorf-Erinnerungen

Die abenteuerliche Entdeckung des »Codex Sinaiticus«

Verlag der
St.-Johannis-Druckerei
C. Schweickhardt
Lahr-Dinglingen

ISBN 3 501 00100 2

TELOS-Taschenbuch Nr. 100
41.–43. Tausend
Umschlagmotiv: Manfred Sayer

Gesamtherstellung:
St.-Johannis-Druckerei C. Schweickhardt
7630 Lahr-Dinglingen
Printed in Germany 10536/1991

Inhalt

Zur Einführung

Das Buch der Bücher ist die Bibel. Dieses Buch wird seit 500 Jahren durch den Druck verbreitet. In den vorausgehenden zwei Jahrtausenden sind die biblischen Schriften nur durch Abschreiben vervielfältigt und überliefert worden. Die berühmteste gedruckte Bibel ist die von Johannes Gutenberg, dem Erfinder der Buchdruckerkunst, 1452 bis 1455 in Mainz hergestellte Gutenbergbibel, zugleich das erste gedruckte Buch überhaupt. Die berühmteste geschriebene Bibel aber ist der *Codex Sinaiticus*, eine prachtvolle Handschrift des 4. Jahrhunderts auf Pergament. Und diese wurde 1844 von Konstantin Tischendorf im Katharinenkloster im Sinaigebirge entdeckt.

Tischendorf (1815—1874) ist aber nicht nur durch diese Entdeckung berühmt geworden, er hat den Kodex entziffert und veröffentlicht und ebenso viele andere alte Handschriften der Bibel. So gehört er zu den Männern, die sich um die Kenntnis des Buches der Bücher besonders große Verdienste erworben haben. Die Erinnerungen an ihn und an sein Werk und besonders an seine Entdeckung des Kodex vom Sinai — heute ein kostbarer Schatz des Britischen Museums in London — bilden einen fesselnden Abschnitt der reichen Geschichte des Bibelbuches. Sie dürfen nicht vergessen werden.

Seit der Zeit Tischendorfs ist ein Jahrhundert verflossen, und gerade dieses Jahrhundert und vor allem die letzten Jahrzehnte haben aus dem trockenen Boden Ägyptens und Palästinas Handschriften des Alten und Neuen Testaments ans Licht gebracht, die wesentlich älter sind als der Kodex vom Sinai. Es sind Papyrusbücher aus dem Sand des Niltals und Lederrollen aus Höhlen beim Toten Meer. Daduch ist unsere Kenntnis von den Anfängen des Bibelbuchs in einer Weise gefördert worden, die sich auch Tischendorf nicht hätte träumen lassen.

Für den Christen und Bibelleser ist das wichtigste Ergebnis das, daß der Text der biblischen Schriften, wie er uns bisher vor allem im *Codex Sinaiticus* vorlag, sehr gut und zuverlässig überliefert worden ist. Die Auffindung des *Sinaiticus* und sein Inhalt haben durch die neuen Funde nichts von ihrer großen Bedeutung verloren. Die Tat und das Verdienst Tischendorfs bleiben unvergänglich.

In dem Bericht über die Sinaireisen seines Schwiegervaters Tischendorf hat D. Ludwig Schneller eigene Reiseerfahrungen verwerten können. Inzwischen wird sich dort manches geändert haben, wie auch das Reisen viel einfacher geworden ist.

D. Ludwig Schneller wurde 1858 in Jerusalem als zweiter Sohn des Missionslehrers Johann Ludwig Schneller, der 1860 das Syrische Waisenhaus gegründet hat, geboren. Er wurde Theologe, war von 1884 bis 1888 Pastor in Bethlehem, seit 1888 Pastor in Köln. Er schrieb eine Reihe wertvoller Bücher über Palästina. Im Jahr 1953 ist Schneller im Alter von 95 Jahren gestorben.

Ludwigsburg, im Sommer 1954

Prof. Dr. Oskar Paret

Jugend und Berufswahl

Die Familie Tischendorf ist jahrhundertelang in Sachsen ansässig gewesen. Nach einer alten Familienüberlieferung hat ein Stammvater in der Geschichte des sächsischen Fürstenhauses eine wichtige Rolle gespielt. Im Jahr 1450 hat der sächsische Prinzenraub stattgefunden, in dem die Prinzen Ernst und Albert, die nachmaligen Häupter der ernestinischen und albertinischen Linie, entführt wurden. Der im Jahr 1450 gestorbene sächsische Kurfürst Friedrich der Sanftmütige hatte seinen Hofmarschall, den sonst tapferen Ritter Kunz von Kaufungen, schwer erzürnt. Aus Rache beschloß dieser, die beiden Prinzen zu rauben. In dunkler Nacht drang er in das Schloß Altenburg ein, ließ den Prinzen Ernst von einem Genossen wegführen, während er selbst mit dem Prinzen Albert auf einsamen Waldwegen über die böhmische Grenze zu entkommen suchte. Wenige Kilometer von der böhmischen Grenze entfernt machte er halt, um dem hungernden Kind Beeren zu pflücken. Da kam ein Köhler dazu, dem sich Prinz Albert zu erkennen gab. Kaum hatte der beherzte Köhler das gehört, so ging er mit seinem Schürbaum gegen den Räuber an. Seine Frau rief alle Köhler der nahen Kohlenmeiler herbei, und ihren vereinten Kräften gelang es, den Ritter zu überwältigen. Die Prinzen wurden dem bekümmerten Vater zurückgebracht, und der Ritter wurde enthauptet.

Der Köhler, dem die Rettung in erster Linie zu verdanken war, ist der Vorfahr der Tischendorfschen Familie. Als daher Konstantin Tischendorf später den erblichen

Adel erhielt, bekam er das Wappen, in dem oben der Köhler mit seinem Schürbaum zu sehen ist, unten wegen seiner Verdienste um die Heilige Schrift ein Bibelbuch mit dem A und O, daneben das Schwert des Wortes Gottes und die Palme des Friedens.

Dort im sächsischen Land, dem die Familie treu geblieben war, wurde Konstantin Tischendorf am 18. Januar 1815 in dem Städtchen Lengenfeld im Vogtland geboren. Auf dem Gymnasium in Plauen legte er den Grund zu der ungewöhnlich gründlichen Kenntnis der klassischen Sprachen, auf der sich seine ganze spätere Lebensarbeit aufbaute. Auf der Universität Leipzig, die er 1834 bezog, setzte er diese Studien aufs eifrigste fort. Dem innersten Zug seines Herzens folgend, studierte er vor allem Theologie und bereitete sich besonders für das Fach neutestamentlicher Schriftauslegung vor. Mit 25 Jahren, im Jahr 1840, erwarb er die Berechtigung, an der Universität Vorlesungen zu halten.

Es war damals die Zeit, wo berühmte Theologen in Deutschland, in der Meinung, damit der geschichtlichen Wahrheit zu dienen, alles aufboten, um mit den schärfsten Mitteln untersuchender Wissenschaft die Unechtheit der meisten neutestamentlichen Schriften nachzuweisen und so dem Neuen Testament sozusagen das Lebenslicht auszublasen. Nur noch vier Briefe des Apostels Paulus ließ man als echt gelten, alles andere wurde für ein Machwerk späterer Jahrhunderte erklärt. Namentlich die vier Evangelien wurden von den gelehrten Herren völlig verworfen, und am wenigsten fand das Johannesevangelium Gnade vor ihren Augen. Wohl gab es an deutschen Universitäten noch machtvolle Zeugen, die diesen grundstürzenden Behauptungen aufs entschiedenste entgegentraten. Aber von den anderen, die sich als die alleinigen Inhaber der Wissenschaft gebärdeten, wurden sie als unwissenschaftlich und rückständig verlacht.

Diese Lage fand der junge Tischendorf vor, als er seine Gelehrtenlaufbahn begann. Er war überzeugt, daß es zur Zeit keine wichtigere Aufgabe in der Theologie gäbe, als die ältesten Handschriften, d. h. die geschriebenen Bücher des Neuen Testaments, aufs genaueste zu durchforschen, seine Echtheit auch auf diesem Weg nachzuweisen und so die Gegner mit den Waffen der Wissenschaft aus dem Felde zu schlagen. Ihm schwebte als Ziel seines Lebens vor, alle frühzeitigen handschriftlichen Belege für das Vorhandensein und die Anerkennung unserer Evangelien aufzusuchen und für diesen Zweck keine Mühe und kein Opfer zu scheuen, selbst wenn ihn sein Suchen in ferne Länder führen sollte. Damit ergriff er in jungen Jahren seine eigentliche Lebensaufgabe. Glücklich, wer in den entscheidenden Lebensjahren den gottgewollten Beruf seines Lebens erkennt! Ein solcher Glücklicher war Tischendorf. Mehr ein Jüngling denn ein Mann, kaum 27 Jahre alt, bald nach Vollendung seiner Studien, veröffentlichte er im Jahr 1842 schon seine erste kritische Ausgabe des griechischen Neuen Testaments, die von den berufensten Männern der Wissenschaft mit ungeteilter Anerkennung und Freude als ein großer Fortschritt begrüßt wurde.

An seine Braut schrieb er darüber: „Endlich bin ich am Vorabend der Vollendung des Neuen Testaments. Das Schicksal dieser Arbeit lege ich in Gottes Hand. Ich habe zwar meine Habilitation (Zulassung zum Hochschulamt) und Probevorlesung an der Leipziger

Universität hinter mir. Aber ich möchte nie genötigt sein, diese Habilitation allein zur Grundlage meiner Lebensentwicklung zu machen. Vor mir steht eine heilige Lebensaufgabe, das Ringen um die ursprüngliche Gestalt des Neuen Testaments."

So hat er schon frühe seine Lebensaufgabe erfaßt, und ihr ist er sein Leben lang treu geblieben. Geradlinig hat er sie bis zu seinem Tod verfolgt. Und wenn man sieht, was er auf diesem Gebiet in 34jähriger unermüdlicher Arbeit geleistet hat, so kann man sich dem Eindruck nicht entziehen: er war von Gott dazu berufen.

Erste Erfolge

Um die Lebensarbeit Tischendorfs zu verstehen, muß der Leser einiges aus der frühsten Geschichte des Neuen Testaments wissen. Im Anfang hatten die christlichen Gemeinden natürlich noch kein Neues Testament. Als Heilige Schrift wurden bei den Versammlungen und Gottesdiensten nur Abschnitte aus dem Alten Testament, den Propheten und Psalmen, verlesen. Im übrigen aber wurde vorerst das Zeugnis von Jesus, die Hauptsache des christlichen Glaubens, noch ganz auf mündlichem Weg verkündigt. Diese Gemeinden hatten ja noch die lebendigen Taten und Reden Jesu vor sich, die Apostel und apostolischen Gehilfen. Außerdem gab es eine mündliche Überlieferung von dem, was die Apostel von Jesus bezeugten, die in den Gemeinden oft vorgetragen wurde. Aus dieser mündlichen Überlieferung, die sich auf die apostolischen Selbsterlebnisse stützte, scheinen irgendwie die drei ersten Evangelien hervorgegangen zu sein, die ja so augenscheinlich, oft wörtlich, miteinander übereinstimmen: das des Matthäus auf Grund seiner Sammlung der Reden des Herrn, die beiden anderen von nicht apostolischen Männern, die aber unter der Aufsicht oder nach Angaben von Aposteln arbeiteten, Markus und Lukas. Das vierte Evangelium, das seinen eigenen Weg geht, hat der hochbetagte Apostel Johannes anscheinend in den neunziger Jahren des ersten Jahrhunderts verfaßt. Später kamen noch die Briefe der Apostel hinzu, die zweifellos die ältesten Bestandteile des Neuen Testaments sind. Sie wurden zunächst in den Gemeinden, an die sie geschrieben waren, als kostbare Schätze verwahrt und immer wieder vorgelesen. Nach einigen Jahrzehnten, namentlich seit dem Tod der Apostel, verschafften sich aber auch die anderen Gemeinden Abschriften dieser Briefe, um sie in den Gemeindeversammlungen vorzulesen.

Wer zum erstenmal alle diese Schriften zu einem einheitlichen Ganzen, einem Neuen Testament, zusammengefaßt hat, darüber haben wir keine Nachrichten. Wohl aber finden sich schon bei den frühesten christlichen Schriftstellern Zeugnisse, aus denen deutlich hervorgeht, daß solche Sammlungen vorhanden waren, die sich in den Gemeinden allgemeiner Anerkennung erfreuten, wenn auch die Sammlungen der verschiedenen Gemeinden in ihrer Zusammensetzung nicht ganz miteinander übereinstimmten. So setzt der Bischof Klemens von Rom schon ums Jahr 95 bei seinen Lesern die Bekanntschaft mit den Briefen an die Korinther, die Römer und die Hebräer als selbstverständlich voraus. Der Bischof Ignatius von Antiochien, gestorben etwa im Jahre 115, führt in einem seiner noch erhaltenen Briefe Stellen aus den Briefen an die Korinther und Galater sowie aus dem Evangelium Matthäus an und verweist seine Leser auf die Briefe des Apostels Paulus. Polykarp von Smyrna, gestorben im Jahr 155, nimmt Bezug auf die Briefe des Paulus und verwendet Stellen aus den Evangelien des Matthäus und Lukas. Auch der weitgereiste Justin der Märtyrer, gestorben etwa im Jahr 165, nimmt in seinen Schriften Bezug nicht nur auf die vier Evangelien, sondern auch auf die Offenbarung des Johannes. Aus alldem, wie auch aus anderen Zeugnissen, geht klar hervor, daß sich schon um das Ende des ersten Jahrhunderts die Schriften der Apostel in den Händen der Gemeinden befunden haben müssen.

Besonders ist aber noch zu erwähnen das berühmte Fragment (Bruchstück) des Muratori, benannt nach einem im Jahr 1750 verstorbenen Geschichtsschreiber und Büchereiverwalter in Mailand. Er veröffentlichte das Bruchstück einer Handschrift aus der zweiten Hälfte des zweiten Jahrhunderts, das der erste uns bekannte Versuch einer maßgebenden Sammlung der Schriften ist, die als zum Neuen Testament gehörig allgemein anerkannt waren. Danach bildeten damals die vier Evangelien, die Apostelgeschichte, die 13 Briefe des Apostels Paulus, der Brief des Judas, der 1. und 2. Johannesbrief und die Offenbarung des Johannes das Neue Testament. Dabei wird erwähnt, daß ein Brief des *Hermas*, der den Titel „Der Hirte“ hatte, beim kirchlichen Gebrauch nicht zugelassen, also als apostolisch nicht anerkannt war. Außerdem werden noch einige Schriften genannt, die nicht als apostolisch anerkannt, aber doch teilweise noch im Gebrauch waren, so zwei Briefe des Paulus an die Gemeinden in Laodizea und Alexandrien, auch eine Offenbarung des Petrus, die aber nicht von allen Gemeinden anerkannt wurde. Der Jakobusbrief, der nicht vom Apostel Jakobus, sondern von dem gleichnamigen Bruder Jesu stammt, und der Hebräerbrief fehlen als nichtapostolisch, der Judasbrief, der zweite und dritte Johannesbrief gelten mehr als Anhang.

Der im Jahr 202 gestorbene Irenäus erwähnt gleichfalls als Teil des Neuen Testaments den Hirten des *Hermas*, und der etwa 20 Jahre später gestorbene Tertullian berichtet über den etwa ums Jahr 100 geschriebenen Brief des *Barnabas*, von dem er allerdings sagt, daß er sich nicht allgemeiner Anerkennung erfreut habe. Die beiden Briefe des Hermas und des Barnabas muß der Leser gut im Gedächtnis behalten, denn sie werden weiter unten eine Rolle spielen.

Selbst noch im vierten Jahrhundert war die Sammlung der Schriften des Neuen Testaments noch nicht völlig abgeschlossen. Denn Eusebius, der berühmte „Vater der Kirchengeschichte", ein überaus gelehrter und zuverlässiger Mann, gestorben im Jahr 340, sagt, daß zu seiner Zeit die Briefe des Jakobus und Judas, der zweite Petrusbrief, der zweite und dritte des Johannes nur von einem Teil der Gemeinden als echt anerkannt, von anderen aber abgelehnt worden seien, während andere Schriften, die Paulusakten, der Hirte des Hermas, die Offenbarung des Petrus, auch die Offenbarung des Johannes zweifellos für unecht gehalten wurden.

Erst der bekannte große Kirchenvater Athanasius erklärt im Jahr 367 die 27 Bücher, die heute das Neue Testament bilden, als die allgemein anerkannte Heilige Schrift der christlichen Kirche. Und dabei ist es, da sich auch angesehene Synoden durch rechtsgültige Beschlüsse dafür erklärten, in der Folgezeit geblieben, wenn auch die genannten Schriften noch heute von angesehenen Forschern angezweifelt werden.

Diese Heilige Schrift wurde nun in einer immer mehr wachsenden Zahl von Abschriften vervielfältigt. Wie es heute für diesen Zweck Druckereien gibt, so gab es damals große und berühmte Schreibanstalten, in denen für die ganze Welt Abschriften der verschiedensten Werke hergestellt wurden. Noch heute besitzen unsere Bibliotheken etwa 4250 Handschriften des griechischen Neuen Testaments, die aus elf Jahrhunderten vor Erfindung der Buchdruckerkunst stammen. Früher wurden die griechischen Handschriften von den Herausgebern ohne strenge Prüfung abgedruckt. Erst seit den Arbeiten des hervorragenden württembergischen Theologen D. Albrecht Bengel (1687—1752) ging man sorgfältiger zu Werke. Auf diesem Gebiet sollte die Lebensarbeit Tischendorfs bahnbrechend wirken. Schon seine Vorgänger hatten den Grundsatz befolgt, daß eine Handschrift natürlich um so wertvoller und maßgebender sei, je näher sie der Quelle, also der apostolischen Urschrift stehe. Sein letzter bedeutender Vorgänger auf diesem Gebiet, der Berliner Gelehrte Lachmann (1793—1851), hatte auf Grund der ältesten Handschriften den Text des Neuen Testaments so wiederherzustellen gesucht, wie er im vierten Jahrhundert in der Kirche gebräuchlich war. Aber diese Handschriften kannte man eben nur sehr unzureichend. Die allerwichtigsten und ältesten der damals bekannten Handschriften waren die folgenden:

1. Die *Alexandrinische Handschrift* im Britischen Museum in London, der sogenannte *Codex* (Buch) *A*, mit einigen Lücken das ganze Alte und Neue Testament umfassend, kurz vor Tischendorfs Zeit veröffentlicht. Dieser *Codex A* ist in der ersten Hälfte des 5. Jahrhunderts geschrieben worden.

2. Die *Vatikanische Handschrift*, der *Codex B*, war längst aufgefunden. Aber man kannte sie nur sehr ungenau, weil der Papst niemand heranließ, um ihren kostbaren Inhalt durch Veröffentlichung der Wissenschaft zugänglich zu machen. Dieser Codex B ist im Alten und Neuen Testament lückenhaft. Er stammt aus dem 4. Jahrhundert.

3. Der *Pariser Palimpsest* (zweimal beschriebenes Pergament) oder *Codex C*. Ein Palimpsest ist eine Pergamenthandschrift, auf der in alten Zeiten eine Schrift

geschrieben war, die man aber in späteren Jahrhunderten, weil das Pergament teuer war und weil die Menschen den Wert der alten Handschrift nicht mehr kannten, noch einmal zu einer anderen Handschrift gebraucht hat. Zu diesem Zweck mußte natürlich die erste, ältere Handschrift möglichst beseitigt oder unleserlich gemacht werden, was durch Abreiben mit Bimsstein erreicht wurde. An der beigegebenen Abbildung (siehe nebenstehende Seite) kann sich der Leser deutlich vorstellen, wie ein Palimpsest in griechischer Sprache aussieht.

Dieser Kodex lag in der Nationalbibliothek in Paris. Die ursprüngliche, aber abgeschliffene Schrift ist, wie sich später herausstellte, noch vor Mitte des 5. Jahrhunderts entstanden, also ungefähr zur selben Zeit wie die Alexandrinische Handschrift. Im 12. Jahrhundert wurden nach weitgehender Beseitigung der früheren Schrift Abhandlungen des im Jahr 378 als Vorsteher der theologischen Schule in dem mesopotamischen Edessa gestorbenen Syrers Ephräm darübergeschrieben. Dabei war aber der ursprünglichen Schrift so übel mitgespielt worden, daß ihre Enträtselung den Gelehrten große Kopfschmerzen verursachte. Soviel hatte man zwar durch unzählige Versuche herausgebracht, daß auf diesem Palimpsest ursprünglich das Neue Testament oder Teile davon geschrieben waren. Aber im einzelnen erwiesen sich alle Versuche der Entzifferung als erfolglos. Der Direktor der Bibliothek, Capperonier, hatte schließlich erklärt, kein Sterblicher werde die unter der Schrift Ephräms des Syrers verborgene Urschrift jemals enträtseln können.

4. Endlich gab es noch eine früher im Besitz Bezas gewesene, jetzt in der Pariser Nationalbank aufbewahrte

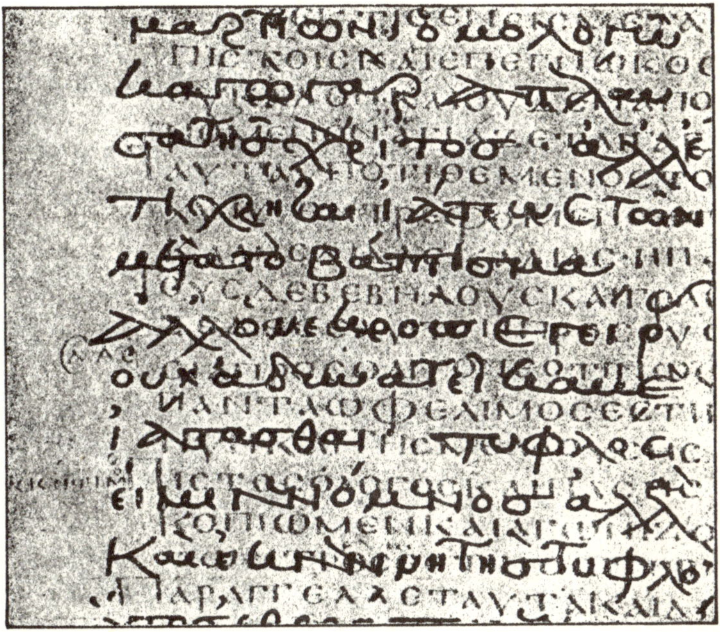

Ein Palimpsest

Handschrift von Clermont, den *Codex Claromontanus* oder *Codex D*, der noch keine sorgfältige Herausgabe erfahren hatte. Lachmann, der berühmte Vorgänger Tischendorfs, hatte 1840 erklärt, durch den Abdruck des *Codex regius Ephraemi* und des *Claromontanus* könnten sich Pariser Gelehrte ein unsterbliches Verdienst um die Wissenschaft des Neuen Testaments erwerben. Diese Handschrift des 6. Jahrhunderts enthält in griechischer und lateinischer Sprache sämtliche Briefe des Apostels Paulus sowie den Hebräerbrief und hat ihren Namen daher, daß sie aus einem Kloster in Clermont in Frankreich stammte.

Die erste Aufgabe, an die sich Tischendorf wagte, war die kritische Bearbeitung des ganzen Neuen Testaments nach Vergleichung aller bis dahin bekannten alten Handschriften. Aus einzelnen Professorenkreisen in Leipzig wurde er ob seiner Kühnheit, in so jugendlichem Alter eine so gewaltige Aufgabe zu lösen, nicht wenig verspottet, ja angefeindet. Er schrieb darüber an seine Braut:

„Leipzig, Oktober 1840: Endlich bin ich am Vorabend der Vollendung meines Neuen Testaments. Eine Riesenarbeit hat auf mir gelastet, und es wird mir später selbst unglaublich scheinen, daß ich ein Buch, das mir Fluch und Segen bringen wird, Schmähung und Ruhm, in weniger als einem Jahr vollenden konnte. Sein Schicksal lege ich in Gottes Hand. Mag Neid, Kleinmeisterei und Engherzigkeit mich verdächtigen, ich weiß, ich habe ernst und heilig gerungen mit aller, wenn auch schwacher Kraft. Doch habe ich auch ansehnliche und einflußreiche Freunde. Mein geliebter Bischof Dräseke hat mir so herzlich geschrieben. Er begrüßte mein *Novum Testamentum graece* als den „Grundstein meiner literarischen Unsterblichkeit" und will dem König von Preußen bei der Huldigung ein Exemplar des Buches übergeben. Auch der preußische Minister Eichhorn will mich aus diesem Anlaß persönlich empfangen. Mag man mich verdächtigen, als verfolgte ich etwas anderes als ein himmlisch vorleuchtendes Ziel, glaube Du das nicht!"

Als die Herausgabe dieses Erstlingswerkes, des Vorläufers von so vielen anderen und größeren, vollendet war, ging er sofort an eine andere Aufgabe. Der *Codex D* oder *Claromontanus* in Paris und der Pariser Palimpsest, *Codex C*, ließen ihm keine Ruhe. Zwar hatten die namhaftesten Vertreter der Wissenschaft die Entzifferung des letzteren für ein Ding der Unmöglichkeit erklärt. Aber er wollte selbst sehen. Wieder erhoben sich angesehene Stimmen gegen ihn und sein Unternehmen. Aber er schrieb an seine Braut: „Ich habe jetzt ein Jahr des gewaltigen Strebens, der Sorgen, der Schmerzen, aber auch Stunden der Erhebung erlebt. In meiner Reiseangelegenheit habe ich eine traurige Erfahrung über die andere gemacht. Ich kann ja das Unternehmen in Paris nicht durchführen ohne ein Stipendium unseres Kultusministeriums. Das suchen manche zu hintertreiben. Aber ich verzage nicht. Der Vater im Himmel, ich glaube es voll christlicher Freudigkeit, hat mich lieb, denn Er züchtigt mich. Was ist doch eigentlich die ganze Schuld, für die ich leide? Daß ich den bequemen Weg der Studien, auf dem ich mir auch das Ausgezeichnete leisten könnte, verlasse und ins Außerordentliche falle. Gott weiß, und ich fühl's im tiefsten Grund der Seele, es ist in mir nicht ein eitles, hochmütiges Verlangen, es ist ein begeistertes, hohes Streben, dem ich mich selber nicht widersetzen kann.

Jetzt im Oktober also reise ich nach Paris, nachdem mir das Kultusministerium das Reisestipendium bewilligt und mein geliebter Bruder mir eine ebenso große Summe versprochen hat. Ich gedenke mich mit Aufwendung aller meiner Talente soviel als möglich selbst zu erhalten. Dann kommen weitere Ziele. Das fernste ist Rom! Ich bin auf alles gerüstet und werfe mich, ein kühner, aber doch besonnener Schwimmer, in den Strudel.«

So richtete er denn sein Angesicht getrost nach Paris, um sich an eine Aufgabe zu wagen, die bisher noch niemand hatte lösen können. Er betrat damit die Laufbahn, die ihn von da an von Erfolg zu Erfolg führen sollte.

Wachsende Erfolge

In seinem 26. Lebensjahr, im Herbst 1840, reiste Tischendorf nach Paris. Dort lagen in der öffentlichen Bibliothek die beiden wertvollen Handschriften, die wir schon oben kennengelernt haben, der *Codex Ephraemi* und der *Codex Claromontanus*, als ungehobene Schätze. Sie waren es, die ihn in die Weltstadt an der Seine lockten. Die Herausgabe des *Claromontanus* bot ja keine besonders großen Schwierigkeiten. Um so schwieriger war die Sache beim *Codex Ephraemi*. Hier schien die Aufgabe unlösbar. Als der junge Gelehrte auf der Bibliothek diese Handschrift verlangte, wurde sie ihm zwar bereitwillig geholt, aber mit mitleidigem Lächeln erklärten die Bibliothekare: „An diesem Palimpsest haben sich schon die berühmtesten und fachkundigsten Gelehrten versucht und nichts erreicht. Erst vor sechs Jahren haben wir das Pergament aufs sorgfältigste und vorsichtigste einer chemischen Behandlung unterzogen, um die weggewaschene und überschriebene alte Handschrift wieder leserlich zu machen, und alles war vergebens. Wenn Sie als junger Anfänger glauben, es besser zu verstehen, so versuchen Sie Ihr Glück! Aber wir können Ihnen im voraus sagen: erreichen werden Sie nichts!"

Und doch war hier endlich der Ritter gekommen, der das Dornröschen der alten Handschrift aus tausendjährigem Schlaf erwecken sollte. Er war zu seiner kühnen Arbeit nicht nur durch seinen Eifer und seine wissenschaftliche Befähigung, sondern auch durch sein Auge in besonderem Maß ausgerüstet. Als seine Mutter guter Hoffnung war, hatte sie der Anblick eines sehr unglücklichen Blinden aufs tiefste bewegt. Von da an war es immer wieder das Gebet der frommen Frau: „Herr, laß nur mein Kind nicht blind werden!“ Es war wie eine Erhörung dieser Gebete, daß ihr Konstantin von Kind auf mit einer so scharfen Sehkraft gesegnet war, wie sie nur selten vorkommt.

Entschlossen machte er sich ans Werk. Anfangs schien es auch ihm fast ein Ding der Unmöglichkeit, die Aufgabe zu lösen. Aber mit seiner unbeugsamen Willenskraft und seinen Falkenaugen ließ er sich durch nichts entmutigen. Es war eine Riesenarbeit. Tag für Tag saß er in der Bibliothek vor dem uralten Kodex und untersuchte die verblaßten, verwaschenen griechischen Buchstaben, die unter den darüber geschriebenen derben syrischen Zügen schwach hervorschimmerten. Buchstabe für Buchstabe wurde geprüft, alle Möglichkeiten erwogen, bis endlich das Richtige gefunden war. Und so ging es fort, Buchstabe für Buchstabe, Zeile für Zeile, Blatt für Blatt, zwei lange Jahre hindurch.

Mit Staunen verfolgten die Konservatoren der Bibliothek die wachsenden Erfolge des jungen deutschen Gelehrten. Immer größere Hochachtung bewiesen sie ihm und leisteten ihm jeden nur möglichen Vorschub. Und seine Arbeit endete in der Tat mit einem vollen Erfolg. Was nach dem Ausspruch der besten Kenner nie einem Sterblichen gelingen würde, war Tischendorf gelungen. Er hatte den ganzen Pariser Palimpsest Wort für Wort entziffert. Als er die Weltstadt kurz nach Neujahr 1843 verließ, hatte er die Genugtuung, die ganze Bibel Alten und Neuen Testaments nach dem bisher so geheimnisvollen Palimpsest aus dem 5. Jahrhundert in Abschrift in Händen zu haben. Und auch den anderen Schatz, den *Codex Claromontanus*, die Briefe des Apostels Paulus enthaltend, hat er gehoben, nach einigen Jahren im Druck veröffentlicht und damit der ganzen wissenschaftlichen Welt zugänglich gemacht.

In der gelehrten Welt erregten diese Erfolge das größte Aufsehen. Alles pries den neuen Stern auf dem Gebiet der Paläographie (der Kunde ältester Schriften), und in ganz Europa wurde der Name Tischendorf mit Bewunderung und Anerkennung genannt. Jetzt öffneten sich ihm willig alle Bibliotheken, in denen er alte Bibelhandschriften erforschen wollte. Immer weiter dehnte er seine Forschungen aus. Er reiste nach London und Holland, machte dort nicht nur wertvolle Entdeckungen, sondern erweiterte auch seine Kenntnisse und Fähigkeiten in Beurteilung der ältesten Handschriften. Dann reiste er in die Schweiz und nach Italien und durchforschte die Bibliotheken in Venedig, Mailand, Turin, Modena, Florenz und Neapel. Selbstverständlich ging er auch nach Rom, wo die wertvollste aller damals bekannten Handschriften des Neuen Testaments, der *Codex Vaticanus,* im päpstlichen Palast ruhte und noch immer der wissenschaftlichen Forschung vorenthalten wurde. Um ihm beim Papst die Türen zu öffnen, hatten ihm der sächsische Prinz Johann, der nachmalige König, aber auch der Erzbischof von Paris und der französische Gesandte in Dresden, sehr warme Empfehlungsschreiben mitgegeben. Der Papst Gregor XVI., der ohnehin von den Erfolgen des jungen Gelehrten gehört hatte, empfing ihn freundlich und schien ganz geneigt, ihm den berühmten Kodex zu überlassen, um seinen Text im Druck herauszugeben. Aber in Rom kann bekanntlich auch der Papst nicht immer, wie er will. Der Hüter des Schatzes, der Kardinal Mai, hatte selbst die Absicht, den Kodex herauszugeben, wollte den Ruhm nicht einem andern überlassen und wußte die Absicht des Papstes zu hintertreiben. Die altehrwürdige Handschrift durfte Tischendorf nur sechs Stunden lang in Händen halten, und das konnte ihm natürlich nichts helfen. Aber was diesmal nicht gelang, sollte ihm später doch gelingen. Im Jahr 1867 gab er auch diese Handschrift unter dem Titel *Novum Testamentum Vaticanum* heraus.

In den nächsten Jahren folgte eine wichtige Veröffentlichung der anderen. Die ganze Ausbeute seiner für die christliche Kirche und die Bibelforschung wichtigen Arbeiten und Funde faßte er im Jahre 1846 in seinem Werk *Monumenta sacra inedita* (heilige, bisher nicht veröffentlichte Schriften) zusammen. Und namentlich erschien in immer neuen und verbesserten Auflagen sein griechisches Neues Testament, das, von den namhaftesten Gelehrten mit größter Anerkennung begrüßt, fortan in der ganzen Welt dem Studium des heiligen Buches in der Ursprache zugrunde gelegt wurde.

Die erste Reise zum Sinai

Die Leidenschaft seines Lebens hatte den jungen Leipziger Gelehrten gepackt, und sie ließ ihn nicht mehr los. Er wollte alles daransetzen, um der Christenheit den ursprünglichen Text des Neuen Testaments wiederherzustellen. Im Abendland hatte er alle Bibliotheken durchforscht, die für diesen Zweck in Betracht kamen. Jetzt richtete er seine Blicke ins Morgenland.

Das war auch ganz natürlich. Denn woher stammten all diese uralten Handschriften, der Pariser *Codex Ephraemi,* der *Vaticanus,* der *Claromontanus* und sämtliche griechische Urkunden, die die europäischen Bibliotheken als ihre größten Kleinodien hüteten? Doch alle aus dem Morgenland, wo die Wissenschaft, und ganz besonders die christliche, ihre früheste Pflege gefunden hatte. Immer wieder, wenn er vor einer solchen uralten Handschrift saß, wanderten seine Gedanken in jene fernen Länder, wo sie einst von einer längst vermoderten Hand geschrieben worden war. Konnten nicht dort an alten Bischofssitzen, in Bibliotheken, in Klöstern und verborgenen Klosterwinkeln mehr solche Schätze liegen, in Gefahr, unter den Händen unwissender Mönche zugrunde zu gehen? Konnten sie nicht noch gerettet werden? War es nicht Pflicht, es zu versuchen, solange es noch Zeit war? Diese Gedanken wurden immer mächtiger in ihm, bis er ihnen nicht mehr widerstehen konnte. Er entschloß sich, ins Morgenland hinauszuziehen, ein Kaufmann, der köstliche Perlen suchte.

Über seine Pläne schrieb er im Dezember 1843 an seine Braut: „Das Kultusministerium hat mich aufs glänzendste instand gesetzt, in den Orient zu steuern. Ich habe diese Nachricht mit Tränen des Entzückens empfangen. Es war mir, als ob ich einem großen heiligen Christfest entgegenginge. Wie segnet mich Gott! Jerusalem wird um die Tage meiner Zukunft einen verklärenden Schimmer werfen. Die goldene Frucht dieser Reise hängt über einem Abgrund! Aber das ist es ja eben, was mich glücklich macht, daß ich die heiße Schlacht schlagen darf, aus der ich mit dem ewigen Lorbeer Segen erkämpfe für die Kirche, für die Wissenschaft, fürs Vaterland. Ginge ich unter, ich ginge im schönsten Streben unter. So fände ich schnell statt des leeren Grabes den Helden des Ostertages. Von hier in Verona will ich nach Mailand, im Januar nach Turin, im Februar zum letztenmal nach Florenz, im März nach Livorno, von wo ich mich einschiffen werde nach Alexandrien, dann zum Sinai, Jerusalem, Konstantinopel, zum heiligen Berge Athos, um dann über Griechenland nach Triest und nach Leipzig zurückzukehren."

Eine solche Reise war damals noch nicht so leicht und verhältnismäßig billig zu machen wie heute. Sie war ein großes Unternehmen, das weithin Aufsehen erregte. Es gehörte für den 29jährigen, des Morgenlandes unkundigen Universitätsprofessor schon ein großer Entschluß dazu. Aber selbst die größten Schwierigkeiten konnten ihn nicht abhalten, der inneren Stimme zu folgen.

Im April 1844 reiste er von Livorno in Italien zum erstenmal nach Ägypten ab. Auch hier gab es manche alte Klöster aus der Blütezeit des Mönchtums zu besuchen. Aber sie waren beim Ansturm der wilden Scharen Mohammeds alle geplündert worden. Darum zog ihn mehr als alles andere wie ein mächtiger Magnet der Sinai an.

Was lockte ihn denn so unwiderstehlich dorthin? Es war das mehr als 1300jährige Kloster, das sich am Fuß des Sinai befindet. Vor allen anderen Klöstern des Morgenlandes hatte es den großen Vorzug, daß es das einzige war, das nie, auch nicht während des Siegeszuges der mohammedanischen Eroberer, zerstört worden war. Auf dem Dach des Klosters steht eine kleine Moschee, ein mohammedanischer Gebetsplatz. Man sagt, daß die schlauen Mönche beim Herannahen der Krieger des falschen Propheten schleunig diese Moschee errichtet und damit das Kloster vor Plünderung und Zerstörung errettet haben. Denn nach Mohammeds Vorschrift durfte eine Moschee nie zerstört werden. So war das Kloster, das einst Kaiser Justinian im Jahr 530 zu Füßen des heiligen Berges begründet hatte, mehr als 1000 Jahre unangetastet geblieben. Dazu führte es in der todeseinsamen Wüste ein so stilles, vor der Welt verborgenes Dasein, daß sich fast nie feindliche Scharen dahin verirrten. Auf diese wichtigen Tatsachen gründete Tischendorf seine Hoffnung, hier wertvolle alte Handschriften des Neuen Testaments zu finden.

Staunend, wie jeder, der zum erstenmal das Wunderland der Pyramiden betritt, sah Tischendorf die fremde Welt an, in die er sich mit seiner Landung in Alexandria versetzt sah. Aber nicht lange hielt es ihn am Nil. Der Sinai, der alte Gottesberg mit seinen himmelragenden Schroffen, stand Tag und Nacht vor seiner Seele. Daher war er schon Mitte Mai unterwegs, um durch die Wüste dorthin zu reisen.

Das war eine Reise, wie sie der Leipziger Professor noch nie gemacht hatte. Da war keine Eisenbahn, keine Straße, kein Wagen. Auf dem Rücken des Kamels ritt er in zwölf Tagen von Kairo bis zum Katharinenkloster am Sinai. Er hatte als Dolmetscher einen Dragoman bei sich, die kleine Karawane zählte sonst drei Beduinen und vier Kamele. Früh vor Sonnenaufgang wurde aufgebrochen, von vormittags 10 bis nachmittags 5 Uhr wegen der Hitze im aufgeschlagenen Zelt gerastet, dann wieder von 5 bis 11 Uhr nachts weitergeritten. Um Mitternacht legte sich der Reisende gewöhnlich nieder, natürlich todmüde von dem ungewohnten Kamelritt. Nachts wurde das Zelt nicht aufgeschlagen, denn warm genug war es in der Wüste, und man brauchte nicht wie am Tag die Sonnenhitze durch das Leinendach abzuhalten. Sein Lager war dann von seinen Koffern umstellt, die geladene Doppelflinte lag neben ihm, und einer der Beduinen mußte immer Wache halten. Über ihm strahlte in nie gesehener Pracht der gestirnte Himmel des Morgenlandes, und in der Ferne brüllten die weidenden Kamele.

Gleich am ersten Tag lastete auf dem abendländischen Kamelreiter eine schier unerträgliche Hitze, denn der Mai ist dort der heißeste Monat des ganzen Jahres. Er mußte fortwährend schwitzen wie in einem Dampfbad. Dazu flog ihm infolge eines kurzen Windstoßes, der vom Roten Meer herüberwehte, sein Strohhut davon, der unentbehrliche Schutz vor den Glutstrahlen der Sonne. Alle drei Beduinen jagten ihm nach, aber sie kamen nach drei Viertelstunden ohne ihn zurück. Indessen, ohne Hut konnte die Reise nicht fortgesetzt werden. Also nochmals zurück und die ganze Nacht gesucht, bis sie am nächsten Morgen um 8 Uhr mit dem verlorenen Hut daherkamen.

Natürlich war alles mitgenommen worden, was wäh-

Dschebel Marha (Seite 32)

rend solch einer zwölftägigen Durchquerung der Wüste, wo man nichts einkaufen kann, unentbehrlich ist, Küchen- und Eßgeschirr, Salz, Gewürz, Streichhölzer, die einfachsten Bedürfnisse, an die man sonst bei einer Reise nicht denkt, und vor allem Wasser, das eines der Kamele in großen Tonkrügen mittrug. Da der Suezkanal noch nicht gegraben war, wateten die Kamele mit ihren Reitern durchs Rote Meer. Das erste asiatische Nachtlager wurde an den Mosesquellen, Ain Musa, unter Palmen und an frischen Quellen gehalten, da, wo auch Mose und die Kinder Israel ihr erstes Nachtlager in der Freiheit gehalten haben sollen.

Dann ging's durch unbeschreiblich öde, wasserlose Strekken, auf denen die wandernden Israeliten einst schier verschmachten und verzweifeln wollten. In Ain Hauaara wurde das alte Mara mit seinem bitteren Wasser, im Wadi Rarandel das liebliche Elim der israelitischen Wanderung mit seinen Palmen und Quellen gegrüßt. Am nächsten Tag trat die erhabene Gebirgswelt der Sinaigruppe zum erstenmal in den Gesichtskreis. Durch ein himmelragendes Gebirgstor, zu dessen beiden Seiten die nackten Felswände aufragten, ging's noch einmal ans Rote Meer, wo Tischendorf wie vor 3000 Jahren Mose mit seinem Wandervolk noch einmal unterhalb der ungeheuren Felswände des Raas Abu Seniime dicht am rauschenden Meere übernachtete. Zur Zeit der Pharaonen war hier ein belebter Hafenplatz, heute ist es todeseinsam.

Von hier ging es auf menschenverlassenen Pfaden zwischen majestätischen, kreideweißen Gebirgswänden über die Ebene Marha und dann tiefer hinein in die Berge und Täler der großartigen Sinaigruppe.

Es ist hier nicht der Ort, die landschaftlichen Großartigkeiten dieses Weges näher zu beschreiben, das habe ich schon in meinem Buch „Durch die Wüste zum Sinai« getan. Darum will ich nur die merkwürdigsten Punkte und Strecken kurz streifen.

Nach Durchquerung der Ebene Marha führte der Weg durch den wilden Bergpaß Nugb el-Budra und den Wadi Schälääl ins Urgebirge hinein. Von hier sahen von allen Seiten die ältesten Gesteine der Erdrinde auf den Reisenden hernieder: Gneis, Granit, Syenit, Porphyr. Nie, ehe ich selbst hier durchritt, hätte ich geglaubt, daß es nackte Felsengebirge ohne den geringsten Pflanzenwuchs von solcher Farbenpracht auf Erden gebe. Die Bergriesen schimmern in den buntesten Farben: rot, grün, gelb, weiß, schwarz, schokoladenbraun. Immer imponierender erhob sich in der Ferne der stolzeste Gipfel der Sinaigruppe, der Serbal. Schroffe und schroffste Berggipfel verbanden sich zu langen Ketten. So ritt Tischendorf über den wilden Bergpaß Nugb el-Budra mit seinen treppenartigen Steigungen, durch den von Porphyrwänden eingeschlossenen ungeheuren Felsenkanal des Wadi Maraara mit den alten Türkisminen der Pharaonen, durch das berühmte Inschriftental Wadi Mukättäb mit seinen merkwürdigen Inschriften auf den Felswänden, durch die wundervolle Palmenoase Wadi Faraan, um die sich die Amalekiter und unter Josua die Israeliten stritten. Es ist landschaftlich eines der großartigsten Gebilde, die man in fünf Weltteilen sehen kann. So ritt Tischendorf mit staunenden Augen durch diese Wunderwelt, bis er am zwölften Tag endlich von ferne das Katharinenkloster, das Ziel seiner Sehnsucht, erblickte.

Beim Austritt aus einem eingeschlossenen Felsenweg erblickte er ein Tal, über dem in naher Ferne ins wolken-

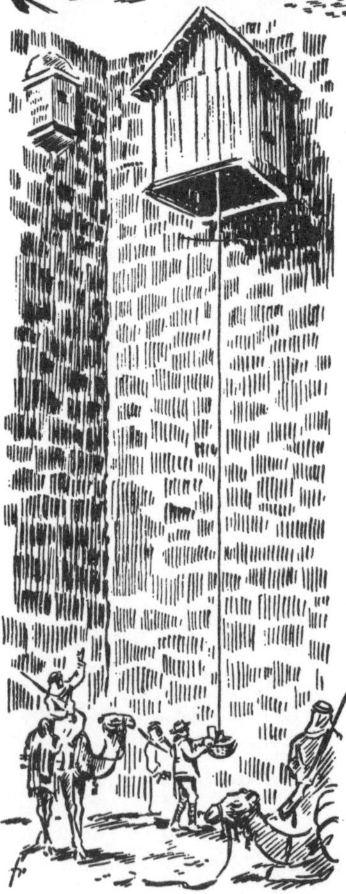

lose Blau jene majestätischen Granitberge hinaufragten, auf denen Juden, Christen und Mohammedaner den Ort der Gesetzgebung auf dem Sinai verehren. Bald stand er in der weiten Ebene Raaha, über der sich der nördliche nackte Fels des Sinai in schroffster Gestalt erhebt. Rechts davon erschienen am Rand der Sandwüste einige grüne Stellen, ein in der dürren Wüste erstaunlicher Anblick. Es waren die zwei Klostergärten des Katharinenklosters. Dahinter wurde in schmaler Schlucht das festungsartige Kloster sichtbar. Hoch klopfte das Herz Tischendorfs, als er endlich den

Abgabe des Empfehlungsbriefes und Winde, womit die Reisenden hinaufgezogen wurden.

Ort vor sich sah, von dem er zuletzt Tag und Nacht geträumt hatte. Die Kamele wurden zu raschem Lauf angetrieben, und um 10 Uhr stand die Karawane vor den Steinmauern des Sinaiklosters. Nach wiederholtem Rufen öffnete sich in einer Höhe von zehn Meter hoch oben die einem Fenster gleichende Klosterpforte. Ein Korb wurde an einem Seil herabgelassen und mit dem hineingelegten Empfehlungsschreiben des Kairoer Tochterklosters wieder hinaufgezogen. Das Schreiben wurde geprüft und in Ordnung gefunden. Darauf wurde, da es damals noch keine Tür zu ebener Erde gab, das starke Seil wieder heruntergelassen, aber diesmal mit einem Querbalken, auf dem die Gäste rittlings durch die Luft in die Höhe befördert wurden. Das war eine damals noch streng beobachtete Einrichtung, um das Kloster vor räuberischen Überfällen zu sichern.

Der erste Aufenthalt im Katharinenkloster

Das Sinaikloster verdankt zwar seine Entstehung dem Gedächtnis an die Gesetzgebung am Sinai, aber seinen Namen hat es von der heiligen Katharina erhalten. Auch einer der majestätischen Berge der Sinaigruppe, der Dschebel Kathriin, ist nach ihr benannt.

Wer ist diese heilige Katharina? Es ist im Unterschied von der Katharina von Siena, der Hauptheiligen des Dominikanerordens, und von der Heiligen des Franziskanerordens Katharina von Bologna jene Katharina von Alexandrien, die „Immer-Reine", wie ihr griechischer Name besagt, die gefeierte Heilige des Morgenlandes. In Alexandrien lebte sie, so berichtet die Legende, einer fürstlichen Familie entsprossen, wunderbar schön, gelehrt, eine auserwählte Kennerin der Wissenschaften, und ihrem Heiland in innigem Glauben ergeben. Dort lernte sie der römische Kaiser Maximin (307—313), einer der letzten Verfolger des Christentums, eine Zeitlang Mitkaiser Konstantins des Großen, kennen, faßte eine heftige Neigung zu der herrlichen Jungfrau und verfolgte sie mit unsittlichen Anträgen.

Um sich vor den Zudringlichkeiten und der Gewalt des Kaisers zu retten, flüchtete sich die „Immer-Reine" hinüber in die einsamen Felsentäler des Sinai, wo sie fern von der verderbten Welt ihrem Gott ihr Leben weihen wollte. Aber auch hier erspähten sie die Spürhunde des Kaisers. Sie wurde ergriffen, gewaltsam nach Alexandrien zurückgeschleppt und dort eingekerkert, bis sie Vernunft annähme und ihrem spröden Christenglauben entsagte. Fünfzig heidnische Philosophen wurden zu ihr ins Gefängnis geschickt, um ihren Glauben zu widerlegen. Aber alle wurden von ihr, der Meisterin der Disputation, glänzend überwunden, und 200 Prätorianer wurden durch die unwiderstehliche Überzeugungskraft der Gefangenen für den Gekreuzigten gewonnen. Da riß dem Kaiser der Faden der Geduld. Er befahl, sie hinzurichten. In frommer Ergebung, mit Gebeten und Lobpreisungen Gottes, folgte Katharina den Schergen auf den Richtplatz. Dort wurden die Glieder der schönen Blutzeugin aufs Rad geflochten. Aber das Rad zerbrach, als sträubte es sich, zu einer so schändlichen Hinrichtung mißbraucht zu werden. Da griffen die Henker zum Schwert und enthaupteten sie. So fiel sie im Jahr 307 als ein Opfer jener letzten und schrecklichsten Verfolgung, die über die Christenheit dahinging, ehe Konstantin die Fahne des Kreuzes hoch über das ganze Römische Reich erhob.

Aber Engel, so berichtet die Sage weiter, kamen hernieder, hoben mit sanften Händen den Leichnam der Heiligen auf und trugen sie über Land und Meer davon, dahin, wo sie einst Zuflucht gesucht hatte, und legten sie auf der höchsten Spitze der Halbinsel nieder, die von nun an ihr zu Ehren den Namen Dschebel Kathriin erhielt. Rebhühner folgten der von Engelshänden Getragenen über Meer und Gebirge durch die Lüfte, ein anspruchloses und doch rührendes Leichengefolge, damit doch wenigstens aus dem Tierreich jemand der Heiligen die letzte Ehre gebe, da es von Menschen niemand tun konnte. Müde vom Flug über Meere, Täler und Gebirge ließen sie sich um den Leichnam der Heiligen auf den trockenen Felsen nieder. Aber zum Lohn für ihren schönen Dienst ließ Gott auf dem Dschebel Kathriin für die Rebhühner eine Quelle entspringen, die noch heute den Namen Biir esch-Schunnaar (Rebhuhn-Quelle) führt. Seitdem adelt die Erinnerung an die heilige Katharina diesen höchsten Gipfel der Sinaigruppe, dessen Bild der Leser im Buch findet (S. 62). Mit seinen schwarzen und dunkelgrünen Massen steigt er ernst empor, ein himmelragendes Denkmal der treuen Bekennerin von Alexandrien.

Sage und Dichtung haben sich der liebwerten Gestalt der Heiligen bemächtigt. Die Maler haben sie unzählige Male dargestellt und ihr als Sinnbilder eine Krone, in die eine Hand ein zerbrochenes Rad, in die andere als Zeichen ihrer Gelehrsamkeit ein Buch gegeben. Die philosophische Fakultät der Pariser Universität hat sie als Königin der Philosophen sogar zu ihrer Schutzpatronin erwählt. Aber das Beste glauben doch die Mönche des Sinaiklosters zu haben, ihren Leichnam, den sie eines Tages auf dem Dschebel Kathriin fanden und in kostbarem Sarg in ihrer Klosterkirche beisetzten. Seither trägt das Kloster den in der ganzen Welt bekannten Namen Katharinenkloster.

Auch abgesehen von dieser Sage ist das Katharinenkloster gewiß eines der merkwürdigsten, wenn nicht überhaupt *das* merkwürdigste Kloster der Welt. Als eine Festung zum Schutz der umwohnenden Einsiedler und Wüstenheiligen hat es der Kaiser Justinian in Konstantinopel im Jahr 530 bauen lassen. Später, als sich die Einsiedler gegen die räuberischen Beduinen nicht mehr halten konnten, zogen sie alle in die Festung. Darum hat das Kloster, wie unser Bild zeigt (S. 72), auch heute noch ganz das Aussehen einer Festung. Eine hohe Granitmauer umgibt in Gestalt eines ungleichmäßigen Vierecks die gesamten Bauten. Wir haben schon gehört, daß die Mönche sich gegen die Räuber auch dadurch sicherten, daß die Eingangstür mehrere Stockwerke hoch lag, so daß man nur mit einer Winde durch die Luft hinaufgehaspelt werden konnte.

Innerhalb des Klosters angekommen, sieht man ein Vielerlei von mannigfaltigen, regellos durcheinander aufgerichteten Gebäuden, in denen man sich nicht ohne weiteres zurechtfinden kann. Planlos wurde in 14 Jahrhunderten je nach Bedarf immer wieder ein Gebäude neben das andere gesetzt. Säle, Kirche, Wohnhäuser, Zellen, Umgänge, Balkone, offene Höfe und Terrassen, vergitterte Altane, Unterführungen, die wie Maulwurfsgänge unter den Häusern dahinführen, alles überragt von den beiden Türmen, dem gut gebauten christlichen Glockenturm und dem altersschwachen mohammedanischen kleinen Minarett. Von beiden sehen Kreuz und Halbmond brüderlich auf den wunderlichen Kirchenstaat der Väter vom heiligen Berg Sinai herab. Manche Mönchszellen sind wie Schwalbennester hoch in die Zinnen der Festungsmauer gebaut, so daß die Brüder von ihren Gelassen aus halsbrecherische Spaziergänge auf der höchsten Mauerkante machen können.

Das Katharinenkloster ist nicht das einzige, das diesem Orden gehört. Die Väter vom Berg Sinai haben außerdem noch Klöster in Suez, Tor am Roten Meer, Kairo, wo ihr Erzbischof seinen Sitz hat, Syrien, Kreta, im Kaukasus und auf dem Balkan, wo sie freilich durch den ersten Weltkrieg viel von ihrem dortigen großen Vermögen verloren haben.

Das Mutterkloster ist aber natürlich das Katharinenkloster. Hier hausen die „frommen Väter“ fast seit anderthalb tausend Jahren. Würden sie nun hier, wie einst die heilige Katharina, ernste geistige Beschäftigung treiben, so könnte auch ein solches Klosterleben fruchtbar und segensreich sein. Aber hier sind keine Hörsäle, wo Scharen lernbegieriger Jünger zu Füßen ihrer Meister die Wahrheit erforschen; keine schreibkundigen Klosterbrüder, die, wie in alten Zeiten, durch künstlerische Abschriften die Wissenschaft bereichern; keine Denkerstirnen, die die Gänge und Galerien der weiträumigen Klostergebäude bevölkern; keine Zellen, in denen Geisteskämpfer wie Luther in Erfurt geistliche Kämpfe ausfechten. Das ganze Leben im Kloster ist in dieser Beziehung wie ein ausgebrannter Krater. Die Religion ist verkümmert zu einer täglichen Last vorgeschriebener und mürrisch geleisteter Andachten und zu einer mageren Speisekarte ausführlicher Fastengebote. Wein ist nach der Regel des heiligen Basilius streng verboten; aber die schlauen Mönche haben, wie mir der Abt oder Archimandrit selbst erzählte, herausgefunden, daß Branntwein in jener Regel nicht verboten, also gestattet sei. Diesen Araki oder Palmschnaps, den sie auch mir wiederholt anboten, wissen die heiligen Väter allerdings vorzüglich zu brennen. Er ist leider das einzige „geistige" Erzeugnis, dessen sie sich rühmen können. Der Gottesdienst, eine endlose Reihe von Liturgien, findet achtmal statt, und jeder muß ihm täglich viermal beiwohnen, zweimal am Tag, zweimal bei Nacht. Auch Tischendorf, der sich schon um seiner Arbeit willen bemühte, die Väter von ihrer besten Seite zu nehmen, schrieb in seinem ersten Brief an seine Braut folgenden Stoßseufzer: „Seit acht Tagen bin ich nun im Katharinenkloster. Aber diese Bande von Mönchen! Hätte ich militärische Gewalt und Kraft, ich würde ein heiliges Werk tun, ich würfe dieses Gesindel über die Mauern. Wie traurig, wenn man sehen muß, wie der Mensch seine Gemeinheit, seine Jämmerlichkeit mitten hinein in

Der Paß Nugb el-Budra (Seite 33)

die wundervolle Erhabenheit dieser Bergwelt trägt!" Das waren für seine Aufgabe allerdings schlimme Zustände, die trostlose Aussichten eröffneten. Denn wenn auch das Kloster wirklich noch alte Handschriften besessen haben sollte, wer von dieser ganzen Gesellschaft konnte deren Wert würdigen?

Aber wir müssen uns doch ein wenig im Kloster umsehen. Sein größtes Heiligtum ist die tiefgelegene „Kirche der Verklärung". Sie ist eine der merkwürdigsten Kirchen der Welt, schon wegen ihres hohen Alters. Vor 1400 Jahren wurde sie vom Kaiser Justinian erbaut, und zwar mitten in der einsamen Wüste, mit allem Glanz der damals höchstentwickelten byzantinischen Baukunst. Hinter dem Altar ist die Kapelle, die den größten Schatz des Klosters birgt, Haupt und Hand der heiligen Katharina. Einige Stufen tiefer liegt noch ein weiterer Raum von unvergleichlicher Heiligkeit, die Kapelle des feurigen Busches, in dem einst Gott dem Mose erschienen ist. Darum muß jeder, der hier eintreten will, vorher seine Schuhe ausziehen, eingedenk des Wortes: „Zieh deine Schuhe aus; denn der Ort, darauf du stehst, ist heiliges Land."

Großartig ist die Umgebung des Klosters. Wenn man im Klosterhof zufällig nach oben blickt, türmen sich die ungeheuren roten Granitberge hoch in den blauen Himmel hinein, frühmorgens oder abends von flammendem Gold übergossen.

Der Leser kann sich denken, daß Tischendorf während seines wochenlangen Aufenthalts im Kloster auch auf diese erhabenen Höhen des Sinai hinaufgestiegen ist. Droben auf dem Gipfel hat man einen unbeschreiblich großartigen Rundblick. Das Auge erfaßt oder ergänzt sich mit Leichtigkeit das zwischen den beiden Armen des Roten Meeres liegende Dreieck der Sinaihalbinsel. Im Westen glänzt der grüne Spiegel des Roten Meeres und jenseits die afrikanischen Gebirge. Im Osten sind jenseits des Meerbusens von Akaba die Berge Arabiens sichtbar. Erhaben ist der Blick auf die einsame, schweigende Bergwelt, die rings ragenden Häupter der nackten Berge und Bergzüge. Sie sind wie ein wildes, grausiges, steinernes Meer, das einst unsere Erde unter dem Druck urweltlicher Feuersgewalten in schwarzen und rotbraunen flüssigen Wogen zum Himmel emporgeschleudert hat, und das dann zu Fels erstarrt ist. Und vollends den, der diesen Gipfel für den Ort hält, von dem wie von einer Gotteskanzel das Gesetz von Mose verkündigt worden ist, den können da droben heilige Schauer ergreifen.

Tischendorf schrieb nach einem solchen Besuch auf dem Gipfel des Mosesberges an seine Braut: „Wie herrlich ist der Sinai und alles, was ihn umgibt! Etwas Großartigeres habe ich nie im Leben gesehen als diese hochragenden, himmelhoch getürmten Felsmassen aus Granit, aus denen die ganze Sinaigruppe besteht. Ich lege Dir, liebe Braut, in diesen Brief ein Blatt, das ich für Dich beschrieb, als ich droben auf seinem erhabenen Gipfel weilte." Dieses Blatt, das sich bis heute erhalten hat, enthält folgende Worte: „Ich bete auf dem Stein, auf dem Mose gebetet hat. Ihn umfing der Geist Gottes. O möchte Er auch mich durchdringen mit Seiner ewigen Gewalt! Heute ist ja Pfingsten. O, wie glücklich bin ich! Das heiße Licht der Sonne bricht durch die Morgennebel, die den Berg umhüllen. Dürfte ich hoffen, daß das ein Sinnbild meiner Zukunft und der Deinen wäre, meine Angelika! Das will ich erbitten im Gebet vom Vater der Gebete, bitten für Dich und mich. So sei gegrüßt noch einmal, Du mein geliebtes Herz, von der Höhe des Sinai."

Aber, so gern sich Tischendorf zuzeiten diesen erhebenden Eindrücken hingab, für ihn war das doch Nebensache. Das größte Heiligtum war für ihn die Klosterbibliothek, in der er einen Schatz von unermeßlichem Wert zu finden hoffte, die älteste Handschrift des Neuen Testaments. Dies Heiligtum war freilich nicht so reich und prächtig ausgestattet wie die anderen hochgefeierten Reliquien, Kirchen und Kapellen des Klosters. Im Gegenteil, es war ein ganz ärmlicher Raum, auf den niemand im ganzen Kloster besonderen Wert legte. Auch den heutigen, etwas besser eingerichteten Raum fand ich noch erbärmlich genug.

Mit hochgespannten Erwartungen betrat Tischendorf diese Bibliothek, das Ziel seiner langjährigen Sehnsucht. Rings an allen vier Wänden standen auf hölzernen Ständern geschriebene und gedruckte Bücher. Hier mußte der Schatz liegen. Buch für Buch nahm er herunter und prüfte es aufs eingehendste. Aber wenn er auch manches Wertvolle fand, ein geschriebenes Neues Testament war nicht da. Recht enttäuscht gab er es endlich auf zu suchen. Er hatte ja alles gesehen, aber nichts von dem gefunden, was er mit so brennendem Verlangen gesucht hatte.

Als er schon entmutigt hinausgehen wollte, sah er mitten in dem Raum einen mächtigen Papierkorb stehen, der mit allerlei Abfällen, Papieren und Buchresten gefüllt war. Um nichts zu versäumen, leerte er den Korb und prüfte seinen Inhalt. Lächelnd stand der Bibliothekar Kyrillos dabei und sagte: „Schon zweimal ist dieser Korb in der letzten Zeit mit solchem alten Zeug gefüllt gewesen, aber wir haben alles ins Feuer geworfen, damit es uns nicht länger im Weg stehe. Auch diese dritte Füllung soll demnächst ins Feuer wandern." Währenddessen nahm Tischendorf ein Stück nach dem anderen in die Hand und prüfte es.

Da durchfuhr es ihn plötzlich mit freudigem Schreck. Da lag im Korb eine Anzahl von griechisch beschriebenen Pergamentblättern von größtem Format! Sein geübter Blick erkannte sofort, daß sie von höchstem Alter sein mußten. Er kannte ja von seinen europäischen Forschungen her die Merkmale der ältesten Handschriften. Es war kein Zweifel, hier lag eine Schrift von uraltestem Adel vor ihm. In tiefster Bewegung prüfte er den Inhalt. Und was fand er? Es waren 129 große Pergamentblätter aus der Septuaginta, der bekannten griechischen Übersetzung des Alten Testaments. Es war ja freilich nicht das Neue Testament, das zu suchen er ausgezogen war. Aber auch dieser Fund war von allergrößtem Wert.

Da der Inhalt des Korbes doch zum Verbrennen bestimmt war, erreichte er es leicht, daß ihm von diesem angeblichen Plunder der kleinere, lose beisammenliegende Teil, 43 Blätter, geschenkt wurde. Mit diesem Schatz eilte er auf sein Zimmer und vertiefte sich sofort in seinen Inhalt. Die übrigen der 129 Blätter wollte der Archimandrit, als er sah, wie hoch sie sein Gast schätzte, nicht abtreten. Aber gern gestattete er ihm, den Inhalt der zurückbleibenden 86 Blätter aus dem Alten Testament zu verzeichnen und einige Seiten genau abzuschreiben.

Vor diesem Jahr 1844 scheint also kein Mensch im Kloster auf diese alten Pergamentblättern geachtet oder eine Ahnung von ihrem Wert gehabt zu haben. Und doch lagen sie zweifellos schon seit 13 Jahrhunderten, seit Gründung des Klosters, hier. Entsetzlich war Tischendorf der Gedanke, daß wahrscheinlich schon eine Menge ebenso wertvoller Pergamentblätter, vielleicht gar das Neue Testament, nach dem er fahndete, ins Feuer geworfen war. Um so mehr machte er es vor seiner Abreise dem sonst freundlichen und gefälligen Bibliothekar Kyrillos zur heiligen Pflicht, die zurückbleibenden 86 Pergamentblätter aufs sorgfältigste zu hüten, andere etwa noch sich findende zu sammeln und aufs sicherste zu verwahren. Er stellte ihm in Aussicht, daß er später noch einmal an den Sinai kommen und vorher den mächtigsten Glaubensgenossen des Klosters, den russischen Kaiser, dafür gewinnen wolle, um dieses Schatzes willen dem Kloster sein besonderes Wohlwollen zuzuwenden.

Die zweite Sinaireise

Im Jahr 1845 kehrte Tischendorf nach Leipzig zurück. Er hatte außer dem Sinai noch eine große Zahl von Klöstern des Morgenlandes aufgesucht und eine reiche Ausbeute an sehr wertvollen Handschriften aller Art mitgebracht, die der theologischen und philologischen Wissenschaft eine Menge neuer Aufgaben stellten.

Sofort entfaltete er eine staunenswerte Tätigkeit, um die mitgebrachten Handschriften der gesamten Wissenschaft zugänglich zu machen. Vor allem anderen nahm er die Bearbeitung der kostbaren 43 Pergamentblätter aus dem Alten Testament in Angriff. Sie erwiesen sich als die ältesten der griechischen Handschriften, die die Welt damals aus dem Altertum besaß. Sie wurden der Leipziger Universitätsbibliothek einverleibt und erhielten zu Ehren des Königs von Sachsen den Namen *Codex Friderico-Augustanus,* nachdem sie mit all ihren zahlreichen Korrekturen und Zusätzen in genauester lithographischer Wiedergabe herausgegeben, erläutert und so der wissenschaftlichen Forschung zugänglich gemacht worden waren. Daneben her liefen zahlreiche Veröffentlichungen der sämtlichen im Orient gefundenen und erworbenen griechischen, syrischen, koptischen, arabischen und georgischen Handschriften. Durch die Kreise der Wissenschaft ging ein Staunen, wie so ein Schatz nach dem anderen ans Licht kam, der jahrhundertelang in einem Klosterwinkel der fernen Wüste geruht hatte.

Wo übrigens der Fundort jener 43 Pergamentblätter war, verriet Tischendorf nicht. Hätten namentlich die Engländer den Ort erfahren, so hätten sie sich sporn-

Wadi Faraan (Seite 33)

streichs aufgemacht, um den Schatz mit verschwenderisch ausgestreutem englischem Gold zu erwerben und ins Britische Museum in London zu schaffen[1].

Er wahrte also sein Geheimnis, und niemand ahnte, in welchem weltvergessenen Winkel der große Schatz aufgefunden worden war. Aber eben deshalb zog es ihn immer wieder an den Sinai. Dort und nirgends anders, sagte er sich, wird mein Lebenswerk gekrönt werden, wenn es mir gelingt, den ganzen Schatz zu heben. Er versuchte zunächst, durch den befreundeten und zuverlässigen Leibarzt des Vizekönigs von Ägypten, Dr. Pruner-Bey, zum Ziel zu kommen. Ihm stellte er zum Zweck der rechtmäßigen Erwerbung der noch übrigen 86 Pergamentblätter eine ansehnliche Summe zur Verfügung. Aber der ließ ihm durch einen sicheren Boten sagen: „Seit Ihrer Abreise vom Kloster weiß man daselbst sehr wohl, daß es einen Schatz besitzt. Je mehr Sie bieten, um so weniger wird man Ihnen die Handschrift abtreten."

Nach Empfang dieser Nachricht entschloß er sich zu einer zweiten Reise an den Sinai. War, wie es jetzt schien, die Erwerbung unmöglich, so wollte er wenigstens die übrigen 86 Blätter des griechischen Alten Testaments und eine ganze Anzahl anderer Handschriften, die er dort gesehen hatte, ganz genau abschreiben, um ihren Text zu veröffentlichen. So wurde wenigstens der Inhalt der wertvollen Blätter gerettet, für den Fall, daß diese selbst durch die Unachtsamkeit der Mönche zugrunde gehen sollten. Streng vertraulich teilte er sein Geheimnis dem damaligen sächsischen Kultusminister mit und bekam bereitwillig die zur Aus-

[1] Seit 1933 liegt er im Britischen Museum in London.

führung der abermaligen kostspieligen Expedition erforderlichen Mittel aus der Staatskasse. Um Neujahr 1853 reiste er nach Ägypten ab, Anfang Februar begrüßte er nach neunjähriger Abwesenheit das Sinaikloster wieder.

Aber wie war er enttäuscht, als jetzt im ganzen Kloster niemand mehr etwas von den damals zurückgelassenen 86 Pergamentblättern wissen wollte! Nicht einmal der immer freundliche und dienstwillige Bibliothekar Kyrillos konnte sich erinnern, was aus den wertvollen Blättern geworden war, die Tischendorf vor neun Jahren aus dem gefährlichen Korb herausgezogen und seiner Obhut so angelegentlich empfohlen hatte. An der Ehrlichkeit des Kyrillos hatte er keinen Zweifel. Aber es war klar, der Schatz war nicht mehr da. Er konnte sich sein Verschwinden nur so erklären, daß inzwischen ein anderer Europäer, wahrscheinlich ein Engländer, Wind von der Sache bekommen und den Schatz ohne Vorwissen des Bibliothekars Kyrillos erworben und nach England oder Rußland entführt habe. So war es zu erwarten, daß demnächst Europa durch die Veröffentlichung der alten Handschrift überrascht werden würde.

Indessen eine kleine Spur der Handschrift fand sich doch. In einem griechischen Kodex mit Heiligengeschichten fand Tischendorf ein Blättchen, eine halbe Hand groß, wie ein Buchzeichen eingelegt. Die Schrift auf diesem Pergamentstückchen zeigte ganz genau dieselben uralten Buchstaben wie in den erworbenen 43 Blättern und enthielt ein paar Verse aus dem 24. Kapitel des 1. Buches Mose. Das war ein neuer Beweis, daß ursprünglich eine vollständige Handschrift des Alten Testaments dagewesen sein mußte. Aber was half ihm diese Entdeckung? Klar war, daß jemand anders die Handschrift mitgenommen hatte und daß er somit ein für allemal auf ihre Erwerbung verzichten mußte.

Übrigens wurde dieser Mißerfolg durch zahlreiche andere glückliche Funde in den verschiedensten Ländern des Morgenlandes ausgeglichen. In Kairo, Alexandrien, Jerusalem, Ladakija (Laodizea), Smyrna, Konstantinopel, auf dem heiligen Berg Athos in Mazedonien fand er 16 Palimpseste, mehrere griechische Unzialhandschriften (Schrift mit großen Buchstaben), eine große Zahl griechischer, koptischer, hieratischer priesterlicher und hieroglyphischer Papyrus-Handschriften, sehr alte syrische und arabische Pergamenthandschriften, auch eine Sammlung karaiitischer (jüdische Sekte) Urkunden.

Mit diesem reichen Ertrag seiner Forschungsreise kehrte er im Sommer 1853 in die Heimat zurück. Hier folgte wieder eine Veröffentlichung der anderen, die von der wissenschaftlichen Welt mit größtem Beifall begrüßt wurde. Im Sommer 1858 lag die große zweibändige Ausgabe des griechischen Neuen Testaments von Tischendorf in der 7. Bearbeitung vor und fand große Verbreitung durch die ganze Welt. Noch viele Arbeiten bewältigte der Unermüdliche in dieser Zeit. Er führte die im Jahr 1842 mit dem Pariser Palimpsest begonnene und durch viele andere alte Urkunden bereicherte „Christliche Urkundenbibliothek" fort, indem er sie durch eine neue Sammlung tausendjähriger griechischer Texturkunden des Neuen und des Alten Testaments vervollständigte. Hinsichtlich seines Sinaifundes veröffentlichte er jetzt auch, schon um sich die Ehre der Entdekkung zu wahren, die Tatsache, daß er außer den mitgebrachten 43 Pergamentblättern noch weitere 86 am Sinai aufgefunden und vor dem Feuertod errettet habe. Hatte er auch leider seine schönste Hoffnung zu Grabe tragen müssen, auch das älteste *Neue* Testament aufzufinden, so konnte er doch in anderer Hinsicht mit den Erfolgen seiner Entdeckungsfahrten zufrieden sein.

Noch auf der Rückreise hatte er hierüber an seine Frau von Kairo aus geschrieben: „Trotz des verfehlten Hauptziels bin ich doch so reich gekrönt mit Gnade und Barmherzigkeit, daß es alle meine Erwartungen übertrifft. Ich bringe mehr als zehn uralte Palimpseste mit, darunter besonders zwei herrliche Kleinode, eines fürs Alte, eines fürs Neue Testament. Das erste aus dem fünften Jahrhundert (ebenso auch das zweite) bildet ein Seitenstück zum *Codex Friderico-Augustanus.* Ich habe mir vorgenommen, ihn den *Kodex Johannes* zu nennen nach dem Namen unseres Kronprinzen. Unter diesen Palimpsesten sind meine größten Schätze drei Unzialhandschriften aus dem 9. Jahrhundert, davon zwei für die Evangelien, einer für das 1. Buch Moses. Danke mit mir dem Herrn! Ich muß glauben, daß ich *Sein* Werk treibe, da Er meine Arbeit so reich segnet, mich so herrlich führt."

In Leipzig wartete er nun Tag für Tag darauf, daß der Glückliche, der ihm bei Hebung des Schatzes von 86 Pergamentblättern zuvorgekommen war und ihn nach England oder Rußland entführt hatte, mit seinem Fund an die Öffentlichkeit treten würde. Aber merkwürdig, nirgends verlautete etwas davon. Hatte er sich mit seinem Verdacht vielleicht doch getäuscht? Lag der Schatz vielleicht doch noch ungehoben, vergessen, verwahrlost, mit dem Untergang bedroht in irgendeiner verstaubten Mauerecke des Sinaiklosters?

Die dritte Sinaireise

Die mit Spannung erwartete Veröffentlichung der einst am Sinai zurückgelassenen 86 Pergamentblätter seitens eines Ausländers kam also nicht. Sollte es möglich sein? Sollten die unschätzbar wertvollen Blätter am Ende doch noch im fernen Kloster liegen? Und wenn das der Fall war, mußte Tischendorf nicht noch einmal dorthin gehen und noch gründlicher suchen? Durfte er den Schatz der Gefahr des Untergangs in den Händen unwissender Mönche preisgeben, nachdem er ihn schon einmal vom Feuertod errettet hatte? Diese Gedanken ließen ihm keine Ruhe mehr. Das ferne Kleinod winkte und winkte, bei Tag und Nacht, und raunte ihm zu: Rette mich! Endlich konnte er nicht länger widerstehen und beschloß, die Fahrt nach der alten Urkunde zum drittenmal zu unternehmen.

Diesmal wollte er aber in jeder Hinsicht gerüstet sein, besser als die beiden ersten Male. Er wußte, daß man die Väter vom Berge Sinai durch nichts so erfreuen und willfährig machen konnte, als wenn man im Namen ihres mächtigsten Glaubensgenossen, des russischen Kaisers, zu ihnen kam. Diesem gegenüber, den sie hoch über alle Machthaber der Welt stellten, waren sie zu allem bereit. Darum brachte er unter Zustimmung des sächsischen Kultusministers einen langgehegten Plan zur Ausführung, als er dem russischen Gesandten in Dresden ein Schreiben übergab mit dem Anerbieten, sich im Auftrag des Kaisers Alexander II. zum Zweck der Aufsuchung und Erwerbung alter griechischer und orientalischer, namentlich für die heilige Literatur wichtiger Handschriften ins Morgenland zu begeben. Die erworbenen

Schätze sollten dann dem Kaiser gehören. Dabei betonte er natürlich die Wichtigkeit dieser Aufgabe nicht nur im Interesse der Wissenschaft, sondern auch der gesamten christlichen Kirche.

Der damalige russische Kultusminister von Noroff war ein hochgebildeter Mann. Als Kenner des Orients begriff er die Wichtigkeit der Sache sofort. Auch reizte ihn der Gedanke, daß der Ruhm der Entdeckungen und die Ausbeute an wertvollen Handschriften Rußland zugute kommen sollte. Darum schenkte er dem Antrag Tischendorfs vom ersten Augenblick an die lebhafteste Teilnahme. Er begab sich, als er nach Deutschland kam, sogar selbst nach Leipzig, um die Sache mündlich zu besprechen. Ja, er wollte, wenn er sich losmachen könnte, sich dem Reisenden persönlich anschließen, wenigstens bei dem geplanten Besuch des berühmten Klosters auf dem heiligen Berg Athos in Mazedonien. Auch die Kaiserliche Akademie in Petersburg (heute Leningrad) sprach sich in einem eingeforderten Gutachten aufs entschiedenste für die Sache aus.

Jetzt wurde auch die kaiserliche Familie ins Interesse gezogen. Vor allem war der Großfürst Konstantin, der Bruder des Kaisers, ganz begeistert für den Plan, daß das ganze Unternehmen nicht nur für Wissenschaft und Kirche Großes anstreben, sondern auch zum größeren Ruhm Rußlands ausschlagen sollte, dem auch die etwa gefundenen Handschriften gehören sollten. Auch die beiden Kaiserinnen, die Kaiserin Marie und die Kaiserinmutter, erwärmten sich für den Plan. Und endlich wurde die Sache an die wichtigste Stelle gebracht, an den Kaiser selbst. Der Kultusminister hielt ihm darüber Vortrag, und die Folge war, daß Tischendorf beauftragt

Die Palmenoase Faraan (Seite 33)

wurde, seine Reise als Abgesandter des Kaisers von Rußland zu machen.

Von da an ging alles rasch vonstatten. Der kaiserlich russische Gesandte in Dresden, Fürst Wolkowsky, lud Tischendorf eines Tages zum Besuch ein und zahlte ihm sowohl für die Reise als auch für die zu erwartenden Erwerbungen alter Handschriften in russischem Gold eine reich bemessene Summe aus. Es war ein schönes Vertrauen, das der Kaiser hierdurch Tischendorf entgegenbrachte. Denn nicht nur bekam er für die kostspielige Reise und Kamelexpedition durch die sinaitische Wüste und für den Ankauf von alten Schätzen alles Erforderliche, sondern er brauchte nicht einmal eine Bescheinigung darüber auszustellen. Sie wurde ausdrücklich abgelehnt, ihm aber hinsichtlich der Ausführung vollkommen freie Hand gelassen. Weder in Wort und Schrift wurde ihm irgendeine Vorschrift gemacht.

So verließ Tischendorf Leipzig in den ersten Januartagen des Jahres 1859 und schiffte sich mit dem nächsten Lloyddampfer nach Ägypten ein. Nirgends hielt er sich auf, nicht in Alexandrien, nicht in Kairo. Zu mächtig zog es ihn ans Ziel seiner Sehnsucht, zum Sinai. Zwar, daß er die damals zurückgelassenen 86 Pergamentblätter noch finden werde, war eine sehr unsichere Hoffnung. Aber selbst wenn sie für ihn verloren waren, so wußte er doch, wieviel andere, zwar minder kostbare, doch immerhin sehr wertvolle Handschriftenschätze noch dort ruhten, die für die Wissenschaft zu retten eine solche Reise wohl lohnte. Diese wollte er erwerben und, falls ihre Erwerbung nicht möglich war, wenigstens aufs genauste abschreiben, um ihren Inhalt jedermann zugänglich zu machen.

Am letzten Januar 1859 betrat er zum drittenmal im

Lauf von 15 Jahren die stillen Räume des Katharinenklosters. Mit lauten Zurufen begrüßten ihn die Klosterbrüder, vor allem der alte Bibliothekar Kyrillos, der ihm seit 1844 befreundet war. Der Archimandrit (Abt) Dionysios, dem die russische Regierung den Abgesandten des Kaisers mit wärmster Empfehlung angekündigt hatte, empfing ihn mit den Worten: „Ich wünsche und hoffe, daß es Dir gelingen möge, neues Licht und neue Stützen für die göttliche Wahrheit aufzufinden."

Nun begann er aufs neue seine gründlichen Forschungen in den ihm so wohlbekannten dürftigen Bibliothekräumen. Natürlich suchte und suchte er vor allem nach jenen 86 Pergamentblättern, die er vor 15 Jahren in Händen gehalten und vor dem Verbrennen gerettet hatte. Aber sie blieben und blieben verschollen. Keine Menschenseele im Kloster wußte mehr etwas von ihnen, nicht einmal Kyrillos. So mußte er denn die schöne Hoffnung, sie wiederzufinden, aufgeben. Aber unter den übrigen Handschriften fand sich doch noch Wertvolles, das er erwerben konnte. Der eigentliche Zweck seiner dritten Sinaifahrt war dann freilich nicht erfüllt, aber auch außerhalb des Sinai lag ja noch eine große Aufgabe vor ihm. Er hoffte, bei einer weiteren Reise in anderen Klöstern des Morgenlandes wichtige Handschriften zu finden.

Nach einer Woche hatte er alles beendigt und rüstete sich zur Abreise. Auf den 7. Februar bestellte er seine Beduinen und Kamele, um dem heiligen Berg für immer Lebewohl zu sagen. Er stand im 45. Lebensjahr. In späterem Alter konnte er sich den Anstrengungen einer Wüstenfahrt kaum mehr unterziehen, hatte ja auch nichts mehr hier zu suchen. So waren es denn auch Abschiedsgänge, die er vor der Abreise noch einmal zu den denkwürdigsten Punkten der Umgebung unternahm.

Am vorletzten Tag erstieg er noch einmal den Gipfel des Mosesberges und sah mit Wehmut hinaus in die einsame, felsige, erhabene Bergwelt. Am letzten Tag machte er mit dem Ikonomos (Hausverwalter) des Klosters, einem jungen Athener, einen Ausflug zu der Ebene Seba'ije, über der sich der Mosesberg in schroffer Majestät erhebt, und auf der nach Ansicht der Mönche die Israeliten standen, als ihnen vom Berg herab das Gesetz verkündigt wurde. Bewegt schaute er noch einmal hinauf zu den farbigen Bergriesen, die er in 15 Jahren so liebgewonnen hatte. Auf dem Rückweg unterhielt er sich mit dem jungen Mönch, dem die prächtigen Neuausgaben des griechischen Neuen Testaments, die Tischendorf dem Kloster als Geschenk mitgebracht hatte, großen Eindruck gemacht hatten. So kam das Gespräch auch darauf, daß Tischendorf in der Bearbeitung des griechischen Textes der Bibel seine ganze Lebensaufgabe erblicke. Dem Athener leuchtete es ein, daß das in der Tat eine große Lebensaufgabe sei.

Erst in der Abenddämmerung kamen die beiden Wanderer ins Kloster zurück. Die Sonne war schon hinter den Felskolossen des Sinai hinabgesunken, nur der gegenüber aufragende östliche Felsberg flammte noch im purpurnen Glanz der untergehenden Sonne. Tischendorf wollte sich von seinem freundlichen Begleiter verabschieden und in sein Zimmer hinaufgehen. Aber der Ikonom lud ihn ein, vorher mit in seine eigene Zelle zu kommen und nach dem ermüdenden Gang einige Erfrischungen zu sich zu nehmen. Gern folgte er der Einladung. Er setzte sich an den bescheidenen Tisch und nahm dankbar die Gaben, die ihm der junge Athener dienstfertig auftrug. Dabei sagte dieser, angeregt durch das unterwegs geführte Gespräch über die griechische Heilige

Schrift: „Ich habe hier in meiner Zelle auch ein griechisches Altes Testament, das will ich dir doch zeigen." Damit stand er auf, ging in eine Ecke seiner Zelle, brachte eine Handschrift von ungewöhnlicher Größe, eingeschlagen in ein rotes Tuch, herbei und legte sie vor seinem Gast auf den Tisch.

Dieser öffnete das zugeknöpfte Tuch und erblickte einen ganzen Stoß von sehr großen Pergamentblättern. Blaß vor freudigem Schreck wurde er und traute seinen Augen nicht. Was sah er? Die prächtigen, in vier Kolumnen geteilten Unzialschriftzüge (lauter große Buchstaben) des kostbaren Kodex, von dem er im Jahr 1844 die 43 Blätter mit nach Leipzig gebracht, 86 aber hier zurückgelassen hatte! Es war kein Zweifel, jeder Buchstabe, den er sah, stimmte genau mit jenem Kodex überein. Ihn durchrieselte es. Da lag ja vor ihm, was er seit so vielen Jahren mit brennender Sehnsucht gesucht, was ihn zuletzt im Wachen und Träumen beschäftigt hatte, der kostbare Rest jener Pergamentblätter, die er damals dem verhängnisvollen Korb entnommen hatte.

Aber noch viel mehr als das! Das waren ja, als er näher zusah, nicht nur 86 Bläter, sondern viel, viel mehr! Ein ganzer, mächtiger Stoß solcher Blätter war es, und als er ihn flüchtig prüfte, fand er, daß hier noch etwas unendlich Wertvolleres zutage gekommen war als nur jene verloren geglaubten Blätter. Vor ihm lag ja, was fast lebenslang das höchste Ziel seines Sehnens gewesen war, das ganze *Neue* Testament vom Evangelium des Matthäus bis zur Offenbarung des Johannes! Ja, er glaubte fast zu träumen, da lag auch unter den Büchern des Neuen Testaments der seit vielen Jahrhunderten verschollene Brief des *Barnabas,* der in den ersten Jahrhunderten in vielen Christengemeinden zum Neuen Testament gerechnet wurde, aber bei der endgültigen Entscheidung durch die Synoden schließlich doch weggelassen worden war.

Es waren noch mehrere Klosterbrüder, auch der alte Bibliothekar Kyrillos, beim Ikonomos eingetreten. Sie waren stumme Zeugen des Staunens ihres Gastes. Aber er hielt an sich. Er bemeisterte seine innere Aufregung, um die Sache nicht durch übergroße Freude noch zu verderben. Er bat nur um die Erlaubnis, die Handschrift mit in sein Zimmer zu nehmen, um sie näher zu prüfen. Das wurde ihm gern gestattet. Er packte den ganzen Stoß wieder in das rote Tuch zusammen und trug seine unbezahlbare Last über Höfe und Freitreppen in das ihm zugewiesene Gelaß (siehe Bild Seite 75).

Erst hier, als er abends um 8 Uhr allein war, konnte er sich dem überwältigenden Eindruck seines Fundes hingeben, der seine kühnsten Träume und Hoffnungen übertraf. Das erste war, daß er auf seine Knie niedersank und Gott dankte, daß Er ihn wie mit Wunderhand mit einem Schlag ans Ziel seines Lebenswerkes geführt hatte. Dann erst machte er sich an die Prüfung der uralten Handschrift, die vor ihm auf dem Tisch lag. Da, während er Blatt um Blatt umwendete, welche neue Überraschung! Da stand auf einem der Pergamentblätter oben als Überschrift in verblaßten, altertümlichen Schriftzügen: „Der Hirte“. O, er kannte diesen Hirten dem Namen nach ja schon längst, aber heute sah ihn seit vielen Jahrhunderten zum erstenmal wieder ein wissendes Auge. „Der Hirte“ des *Hermas*, das war ja die zweite verschollene Schrift, die vor der Mitte des 4. Jahrhunderts in zahlreichen Gemeinden zum Neuen Testament gehört hatte! So waren mit einem Schlag zwei verlorene Handschriften wiedergefunden, nach denen man so lange vergeblich gefahndet hatte. Der erste Teil des Barnabasbriefs war bisher nur in einer sehr mangelhaften lateinischen Übersetzung bekannt, der Hermasbrief längst für immer verloren gegeben. Aber doch noch viel wichtiger als die Wiederentdeckung dieser beiden Briefe, die die spätere Kirche als nichtapostolisch abgelehnt hatte, war doch die große Tatsache, daß hier *das ganze Neue Testament* völlig lückenlos in einer uralten Handschrift vorlag. Welch ein Vorzug vor allen anderen, auch den berühmtesten alten Handschriften. Selbst der *Codex Vaticanus*, die wertvollste der bisher bekannten Handschriften, und ebenso die Alexandrinische Handschrift hatten ja große Lücken. Und nicht nur das Neue Testament enthielten die vor ihm liegenden Blätter, nein, auch vom Alten Testament lagen hier nicht nur jene schwer vermißten 86 Blätter, sondern noch 112 andere, so daß nun auch das ganze Alte Testament in dieser Handschrift enthalten war — jedes Blatt ein Schatz von unbezahlbarem Wert.

Es war schon spät. Nur spärlich erleuchtete die Kerze das Zimmer und erwärmte zugleich ein klein wenig den kalten Raum — es hatte ja am Morgen im Kloster sogar Eis gefroren. Aber schlafen konnte Tischendorf angesichts dieses ihm in den Schoß gefallenen Reichtums nicht. Die übergroße Freude verscheuchte jeden Schlaf. Namentlich der so lange vermißte Barnabasbrief ließ ihm keine Ruhe. Trotz Dunkelheit und Kälte machte er sich sofort daran, ihn bis in die Morgenstunden hinein abzuschreiben. Denn das war ihm sofort klar: gelang es nicht, den Schatz zu erwerben und mitzunehmen, dann mußte er die ganze Handschrift von A bis Z aufs genauste abschreiben, um sie zu veröffentlichen. Nur so konnte sie wenigstens ihrem Inhalt nach für die Welt gerettet wer-

Der Katharinenberg Dschebel Kathriin (Seite 38)

den. Er glaubte, diese Aufgabe dann in einigen Jahren bewältigen zu können. Die berühmte Vatikanische Handschrift kannte man seit drei Jahrhunderten, bevor dem allgemeinen Verlangen nach ihrer Veröffentlichung genügt wurde. Hier sollte es, soviel an ihm lag, anders gehen, er hoffte in ebenso vielen Jahren diese kostbare Urkunde jedermann zugänglich machen zu können.

Kaum blitzten die ersten Strahlen der aufgehenden Sonne auf den westlichen Felsenstirnen des Sinai, da ließ Tischendorf schon den Ikonomos in sein Zimmer kommen. Ihm bot er aus seinem reichen Goldschatz zwei bedeutende Geschenke, eines für das Kloster, eines für ihn selbst, falls er dazu helfen wollte, die Handschrift als Geschenk an den Kaiser von Rußland zu überbringen. Er konnte es nur achten, daß der junge Athener das Gold ablehnte und sagte: „Wenn diese Blätter so wertvoll sind, dann gehören sie dem Kloster." Dagegen erklärte er sich gern damit einverstanden, daß der Gast die Handschrift abschreibe, und auch all die anderen Väter vom Berg Sinai hatten dagegen nichts einzuwenden.

Aber die Ausführung dieser Absicht war nicht so einfach. Eine genaue Abschrift erforderte unter allen Umständen mehrere Monate. Dazu fehlte aber dem Reisenden jede Ausrüstung. Er hatte sich mit allem nur für einen Aufenthalt von acht Tagen vorgesehen. Daher bat er um die Erlaubnis, den Kodex mit nach Kairo zu nehmen, wo er im Gewahrsam des dortigen Tochterklosters der Sinaiten so sicher wäre wie hier. Dort gab es gute Gasthöfe, dort konnte er auch alles kaufen, was er brauchte. Auch damit erklärten sich alle Väter und Brüder des Klosters einverstanden, mit alleiniger Ausnahme des Skevophylax Vitalios, des Aufsehers über die

Kirchengeräte, aus dessen Gerätekammer die Handschrift in die Zelle des Ikonomos geraten war. Bei diesen Verhandlungen erfuhr Tischendorf auch, wie es gekommen war, daß jetzt statt jener 86 Blätter eine so viel größere Zahl vorlag. Bald nach seiner Abreise im Jahr 1844 hatte man nämlich die übrigen Reste der Handschrift in einem anderen Klosterraum gefunden, 260 Blätter. Da der abgereiste Gast die aus dem Papierkorb herausgezogenen Blätter für so wertvoll erklärt hatte, war nachgesucht worden, und dabei hatte man bei Skevophylax unter den kirchlichen Geräten den noch viel größeren Teil des Kodex aus dem Staub hervorgeholt. Da nun Vitalios die 260 Blätter hatte, waren ihm zur Vervollständigung auch die bekannten 86, die bisher bei Kyrillos gelegen hatten, übergeben worden. Die Blätter waren aber inzwischen bei den ganz unwissenden Mönchen wieder in Vergessenheit gekommen, so daß sie Tischendorf bei seinem zweiten Besuch ganz ehrlich sagen konnten, sie wüßten nichts davon. Jetzt aber, da diese von dem Fremden wieder für so überaus wertvoll erklärt wurden, wollte Vitalios als der Hüter des Schatzes ihn doch lieber im Kloster behalten, als ihn nach Kairo geben.

Wären die Brüder einstimmig gewesen, so hätte Tischendorf die Handschrift ohne weiteres mit nach Kairo nehmen können. Da das nicht der Fall war, konnte nur der Archimandrit (Abt) ein Machtwort sprechen. Leider aber war dieser gerade abwesend. Der Erzbischof der Sinaiten war nämlich neunzigjährig gestorben, und alle Klosteroberen des Ordens hatten sich in Kairo versammelt, um zur Neuwahl nach Konstantinopel, zum Sitz des ökumenischen Patriarchen, zu reisen. Ihre vorher einstimmig getätigte Wahl war von dem feindselig gesinnten Patriarchen von Jerusalem, der die Weihe hätte vollziehen müssen, angefochten worden, darum mußten sie zu einer Neuwahl nach Konstantinopel reisen. Da er nun mit den Brüdern nicht fertigwerden konnte, entschloß sich Tischendorf, schleunigst nach Kairo zu reiten, um den Archimandriten, an dessen Zustimmung er nicht zweifelte, noch vor seiner Abreise zu treffen.

Am 7. Februar lagerte der bestellte Beduinenschech Naasser mit seinen Leuten und Kamelen unter den Klostermauern, um Tischendorf nach Ägypten zurückzubringen. Die heftigen Winde der letzten Tage und Nächte, die die mächtigen Felsberge und selbst das Kloster durchbraust hatten, schwiegen an diesem Morgen. Der wolkenlose blaue Himmel verhieß eine glückliche Reise. Die hoch über dem Kloster aufgezogene russische Flagge ehrte noch einmal den Abgesandten des Kaisers. Von dem ebenen Klosterdach wurden Salutschüsse gelöst und fanden in den Sinaibergen vielstimmigen Widerhall. Eine Anzahl der Klosterbrüder, darunter der alte Kyrillos und der Ikonom, ließen es sich nicht nehmen, dem Scheidenden bis zur Ebene Raaha das Geleit zu geben. Mit Rührung und Dankbarkeit verabschiedete sich Tischendorf zum dritten- und letztenmal vom Sinai. In beschleunigtem Marsch legte er den Wüstenweg bis Suez in sieben Tagen zurück.

Am 13. Februar traf er in Kairo ein. Gleich am nächsten Morgen erschien er im dortigen Kloster der Sinaiten und traf zu seiner großen Freude die Archimandriten noch an. Ihnen trug er sein Anliegen vor, das durch sehr warme Empfehlungsschreiben von Kyrillos und dem Ikonomos unterstützt wurde. Agathangelos, der oberste der versammelten Väter, war sehr entgegenkommend. Er legte die Sache den versammelten Vätern vor, und nach kurzer Beratung gaben alle ihre Zustimmung, daß die Handschrift in das Kairoer Kloster verbracht werde.

Ein Beduinenschech wurde zum Sinai geschickt, um die Handschrift zu holen. Tischendorf versprach ihm ein großes Bakschisch, falls er seinen Auftrag mit möglichster Schnelligkeit ausführe. Das Gold wirkte. Der Mann durchflog auf einem Eildromedar die Wüste und brachte das schier Unglaubliche fertig, schon nach zwölf Tagen, am 25. Februar, wieder vor dem Kairoer Kloster abzusteigen. Niemals ist auf Kamelrücken ein wertvollerer Schatz durch die einsamen Bergriesen und Felstäler der sinaitischen Wüste getragen worden. Gleich am nächsten Morgen erschien der ehrwürdige Agathangelos mit seinem Vikar im Hotel und zeigte Tischendorf das kostbare Frachtstück der Dromedarpost. Auf dem russischen Konsulat wurde ein Vertrag unterschrieben, wonach Tischendorf immer je acht Blätter der Handschrift aus dem Kloster in seine Wohnung nehmen konnte, um sie dort abzuschreiben.

Die weiteren Schicksale der Sinaihandschrift

Tischendorf war kaum ein paar Tage in Kairo, als von anderer Seite ein Anschlag auf den Kodex unternommen wurde. Die Entdeckung sollte vorerst völlig geheim gehalten werden. Aber infolge einer vertraulichen Mitteilung hatte ein Engländer Wind von der Sache bekommen. Sofort erschien er im Kairoer Sinaikloster, erreichte es auch, daß die arglosen Väter ihm die Besichtigung des Schatzes erlaubten und bot ihnen schweres Gold als Kaufpreis an.

Aber die braven Sinaiten lehnten das aufs entschiedenste ab. Der Archimandrit Agathangelos, der die Sache dem erschrockenen Tischendorf mitteilte, sagte ihm: „Wir wollen lieber unserem mächtigen Glaubensgenossen, dem Kaiser Alexander II., die Handschrift schenken, als sie für englisches Gold verkaufen." Dieser Zwischenfall veranlaßte nun aber Tischendorf, jetzt schon die erste Nachricht über seinen glücklichen Fund zu veröffentlichen, schon, um dem anderen die Möglichkeit zu nehmen, sich selbst als den Entdecker aufzuspielen. So kam die erste Kunde von dem im alten Sinaikloster aufgefundenen Schatz in die europäischen Zeitungen und erregte bei allen, die seinen Wert einigermaßen beurteilen konnten, das größte Aufsehen.

Inzwischen wurde in Kairo die große Arbeit des Abschreibens trotz der sommerlichen Gluthitze des Nillandes mit Anspannung aller Kräfte vorgenommen. Zwei Monate saß Tischendorf in seinem „Hotel des Pyramides" am Esbekijeplatz, vor dessen Fenstern das tausendfach bewegte, bunte Leben der alten Kalifenstadt vorbeirauschte. Aber er nahm sich selten Zeit, darauf hinunterzuschauen. Er arbeitete und arbeitete. Allein konnte er die schwierige Aufgabe nicht bewältigen. Darum nahm er zwei zuverlässige deutsche Landsleute zu Hilfe, die des Griechischen kundig waren, einen Arzt und einen Apotheker. Diese schrieben und schrieben unablässig. Es galt, die 110 000 Zeichen der Sinaibibel aufs genauste abzuschreiben. Tischendorf selbst konnte sich dem eigentlichen Abschreiben nicht viel widmen. Ihm fiel hauptsächlich die genauste Nachprüfung des von den beiden anderen Geschriebenen zu. Das war um so wichtiger, als es sich dabei nicht nur um den einfachen fortlaufenden Text handelte, sondern auch um die zahllosen Korrekturen und vermeintlichen Verbesserungen, die später von anderen Händen an der ursprünglichen Handschrift vorgenommen worden waren. Auf manchem der 346 Blätter fanden sich mehr als hundert solcher Korrekturen, deren Gesamtzahl sich auf mehr als 12 000 belief. Man kann sich denken, was für eine Aufgabe dadurch Tischendorf als dem verantwortlichen Leiter des Ganzen erwuchs. Alles, was die anderen geschrieben hatten, mußte er aufs peinlichste Buchstabe für Buchstabe mit der Urschrift vergleichen und jeden, auch den kleinsten Fehler am Text oder den klein geschriebenen Korrekturen berichtigen.

Mitten in dieser Arbeit stellte sich ein neues unerwartetes Hindernis ein. Die versammelten Väter und Oberen vom Orden der Sinaiten waren vertröstet worden, daß die ersehnte Bestätigung und Weihe ihres neugewählten Erzbischofs in kürzester Frist erfolgen werde, und dann stand der Schenkung an den russischen Kaiser nichts mehr im Weg. Da kam die Nachricht, daß der mißgün-

Das Katharinenkloster mit dem Mosesberg Dschebel Musa (Seite 38)

stige Jerusalemer Patriarch, der nach den Klostersatzungen allein die Weihe vollziehen durfte, neue Winkelzüge machte und die Gültigkeit der Wahl von neuem beanstandete. So wurde denn auch die Schenkung an den Kaiser wieder ganz zweifelhaft. Die versammelten Oberen der Sinaiklöster drangen deshalb in Tischendorf, er möchte als Vertrauensmann des Kaisers helfen.

Das konnte er, schon im eigenen Interesse, nicht abschlagen. Aus den Zeitungen hatte er erfahren, daß der ihm bekannte Großfürst Konstantin, der seinerzeit in Petersburg seine Pläne so freundlich gefördert hatte, gerade in jenen Tagen mit großem Gefolge einen Besuch in Jerusalem machen wollte. Rasch entschloß er sich, seine Arbeit zu unterbrechen und nach Jerusalem zu reisen, um die machtvolle Verwendung des Großfürsten zu gewinnen. Er fuhr also nach Alexandrien, um sich nach Palästina einzuschiffen. Aber, o weh, vergeblich schaute er dort nach einem Schiff aus, das nach Jaffa fahren wollte. Da sich jedoch noch drei Reisegefährten mit dem gleichen Ziel zu ihm fanden, ein russischer General, ein preußischer Husarenleutnant und ein amerikanischer Reisender, stellte ihnen die türkische Dampfschiffsgesellschaft einen Dampfer zur Verfügung, allerdings gegen hohen Preis, aber auch in der nachher bestätigten Erwartung, daß die gebotene Gelegenheit noch manche Reisende anlocken werde.

So fuhr er denn am Morgen des 5. Mai ins Meer hinaus, der Küste des Gelobten Landes zu. Schon am nächsten Tage stieg er in Jaffa ans Land. In der Mittagsstunde erspähte er am Horizont zwei Fregatten, die vom Norden her kamen. Sofort gingen auf dem russischen und den anderen Konsulaten die Flaggen hoch, ein Zeichen, daß die nahenden Schiffe den erwarteten hohen Gast brachten. Als der Großfürst gelandet war, überreichte ihm noch am selben Abend der russische Konsul ein vorausgesandtes Schreiben Tischendorfs, das ihm den glücklichen Sinaifund meldete. Der Großfürst begrüßte diese Nachricht mit lebhafter Freude und befahl, daß der noch in der Quarantäne harrende Forscher von dort befreit werden und sich auf einem seiner Pferde am folgenden Tag seinem Zug nach Jerusalem anschließen solle. Unterwegs, in dem lieblichen Tal von Kuloonje, fand sich Gelegenheit, den Großfürsten zu begrüßen, der ihn samt der Großfürstin aufs freundlichste empfing. Eine seiner ersten Fragen war, wie in der Sinaibibel der Schluß des Markusevangeliums laute, der ja in alten Handschriften in so verschiedener Fassung gegeben ist, daß der echte Schluß bis zum heutigen Tag nicht festgestellt werden konnte. Schon diese Frage zeigte, daß der Mann Verständnis für die Wichtigkeit des Sinaifundes hatte.

Bei der eingehenden Berichterstattung, die nachher in Jerusalem folgte, war es nicht schwer, das Versprechen des Großfürsten zu erlangen, daß die russische Regierung sich der Sache annehmen werde, um auf die türkische Regierung und den widerspenstigen Patriarchen einzuwirken, damit sowohl die angefochtene Wahl, als auch die Schenkung der alten Handschrift an den russischen Kaiser zum glücklichen Ende gebracht werde.

So schnell war freilich die Sache in Konstantinopel nicht zu machen. Bis alles im reinen war, konnten Monate hingehen. Diese Zeit wollte Tischendorf nicht untätig verbringen. Er beschloß daher, sie zur Ausführung seiner anderen Entdeckungsreisen im Morgenland zu benützen. Er ging zuerst nach Kleinasien. Besonders in Smyrna suchte er nicht vergeblich, denn er fand dort eine vollständige Unzialhandschrift der vier Evangelien aus dem neunten Jahrhundert. Dann bestieg er ein Segelschiff, das ihn durchs offene weite Meer zu der Insel Patmos brachte, die ja jedem Leser bekannt ist als die Stätte, wohin der Apostel Johannes verbannt war und wo er seine Offenbarung empfangen hat.

Von Patmos schrieb er seiner Frau nach Leipzig: „Von Smyrna aus ritt ich bis Scala nuova, wo ich mich hierher einschiffte. Das Meer war recht bewegt, so daß die Fahrt kein Vergnügen war. Um so dankbarer war ich, als ich abends um 7 Uhr meinen Fuß auf das einsame, meerumbrauste, der ganzen Christenheit bekannte Felseneiland setzte. Um 8 Uhr langte ich zu Fuß oben auf dem Berg an, wo das Kloster wie eine hochgebaute Akropolis übers Meer hinausschaut. Ich blieb diese ganze Woche im Kloster, und man behandelte mich mit immer größerer Auszeichnung, zumal da man in mir den Abgesandten des russischen Kaisers erblickte. Der hiesige Professor, der sechs Jahre lang in Leipzig gelebt hat, kam mir aufs liebreichste entgegen. Der Archimandrit (Abt) sagte gestern sogar: Und wenn ein König gekommen wäre, es würde mich nicht so erfreut haben wie dein Besuch. Er hat mir nämlich einige Wünsche des Klosters gegenüber den Türken mitgegeben, von denen er meine Fürsprache in Petersburg erhofft. In der Klosterbibliothek sah ich viele vortreffliche Handschriften. Ja, der Bischof schenkte mir sogar mehrere sehr wertvolle Handschriften, die ich als köstlichen Ertrag meiner Reise nach Hause bringen werde. Heute am Sonnabend ist Sabbatruhe auf dem Meer eingekehrt, nachdem es bei meiner Ankunft so gestürmt hatte. Wie gehen da die Gedanken um Jahrhunderte zurück zu jenem fernen Sonntag, wo der Apostel hier in der Einsamkeit dieser felsigen Küste entrückt ward und seine himmlische Offenbarung vernahm, während rings um ihn her das Meer mit seinen brausenden Wogen rauschte!“

Nach diesen erfolgreichen Fahrten kehrte er endlich nach drei Monaten, Ende Juli, wieder nach Ägypten zurück. Da hoffte er die Nachricht vorzufinden, daß dank dem Eingreifen der russischen Regierung alle Hindernisse, die der Schenkung des Kodex im Weg standen, endlich überwunden seien. Aber leider erfüllte sich diese Hoffnung nicht. Noch immer weigerte sich der widerhaarige Patriarch, die einstimmig vollzogene Wahl anzuerkennen und die Weihe des Erzbischofs der Sinaiklöster vorzunehmen. Die Väter waren aufs tiefste entmutigt. Ihr ganzes Ordensleben war gelähmt, und es war gar nicht abzusehen, daß und wann dies einmal anders werden könnte. Sie sahen nur einen Ausweg: Tischendorf, der Abgesandte des mächtigsten Kaisers, war in ihrer Mitte, der mußte helfen. Inständig baten sie ihn darum.

Da entschloß er sich, persönlich nach Konstantinopel zu fahren und die Sache dort, am Sitz des Sultans und des russischen Botschafters, zu betreiben. So mußte er denn abermals seine begonnene Arbeit in Kairo liegen lassen. Schon nach 14 Tagen, am 10. August, verließ er Ägypten wieder und landete am 17. des Monats in Stambul. Auf der russischen Botschaft wurde er als Abgesandter des Kaisers mit der größten Aufmerksamkeit und Liebenswürdigkeit empfangen. Der Botschafter, Fürst Lobanow, lud ihn sofort ein, während der ganzen Zeit seines Aufenthalts nicht im Gasthof, sondern im Sommerpalast der Botschaft in Bujukdere zu wohnen, der prächtig ausgestattet in wundervoller Lage auf eine der reizendsten Buchten des Bosporus herabschaute. Der Botschafter, ein hochgebildeter Diplomat, voll Interesse für Kunst und Wissenschaft, trat mit großem Nachdruck für die Sache der Sinaiten ein; er wußte ja, daß er damit ganz im Sinn seines kaiserlichen Herrn handelte. Der Großwesir und die türkischen Minister waren auch angesichts so mächtiger Fürsprache zu allem bereit. Aber, so schnell, wie Tischendorf hoffte, ging es doch nicht. Nicht nur war in der Türkei immer „jawasch, jawasch" (morgen, morgen) das allgemeine Losungswort, sondern die Hohe Pforte war auch tatsächlich genötigt, die Sache behutsam anzufassen, um sich nicht einen Kirchenstreit in der ganzen griechischen Kirche auf den Hals zu laden.

So verging Woche um Woche, und Tischendorf saß schließlich trotz des herrlichen Lebens an den zauberisch schönen Ufern des Bosporus wie auf Kohlen. Denn Tag und Nacht mußte er an seinen Kodex in Kairo denken. Da fand endlich der Botschafter einen annehmbaren Ausweg aus den Schwierigkeiten. Er richtete namens des Kaisers ein Schreiben an das Sinaikloster, worin er diesem die Versicherung kaiserlicher Unterstützung in seinen Nöten gab, aber gleichzeitig vorschlug, daß die alte Handschrift Tischendorf einstweilen nur leihweise mit nach Petersburg gegeben werde. Zugleich verbürgerte er sich im Namen des Kaisers dafür, daß die wertvolle Urkunde unversehrt ans Sinaikloster zurückgeliefert werden solle, falls die beabsichtigte Schenkung nicht zustande kommen sollte.

Mit diesem Schreiben bestieg Tischendorf nach fünfwöchigem Aufenthalt wieder das Schiff und kehrte am 27. September nach Kairo zurück. Mit großer Freude empfingen ihn die Klostervorstände. Auch sie hatten von ihren Vertretern in Konstantinopel erfahren, wie nachdrücklich der Botschafter für ihre Rechte eingetreten

Aufstieg zur Galerie mit dem Gastzimmer Tischendorfs
im Sinaikloster (Seite 60)

war. Sie zweifelten keinen Augenblick, daß sie dank solcher Hilfe zum Ziel gelangen würden. Und daß gerade Tischendorf es gewesen war, der ihnen diese Hilfe vermittelt hatte, erfüllte sie mit größter Dankbarkeit gegen ihn.

Um so williger nahmen sie den Vorschlag des Botschafters auf. Ein Klosterkonvent wurde einberufen, und bald wurde Tischendorf von dem ehrwürdigen Agathangelos mitgeteilt, daß der Vorschlag des Fürsten Lobanow einstimmig angenommen sei. Die Zuversicht der Väter vom Berg Sinai wurde später auch voll gerechtfertigt, denn es gelang dem russischen Botschafter, alle ihre Wünsche durchzusetzen.

Jetzt war endlich nach so vielen Mühen und so weiten Fahrten alles erreicht, was Tischendorf nur wünschen konnte. Am 28. September erfolgte die Übergabe der Handschrift an ihn, und zwar auf seinen ausdrücklichen Wunsch in demselben roten Tuch, in dem sie ihm am 4. Februar der Ikonomos im Katharinenkloster zuerst gebracht hatte. Überglücklich trug er den Schatz in seinen Gasthof, oder vielmehr er ließ ihn sich von einigen Klosterdienern dorthin tragen, denn die Gesamtheit der Pergamentblätter stellte eine gehörige Last dar. War auch die Schenkung an den Kaiser noch nicht erfolgt, die Hauptsache war doch erreicht: er konnte die Handschrift mit ins Abendland nehmen und dort in genauester Wiedergabe vervielfältigt herausgeben. Für die Wissenschaft war auf diesem Weg alles gesichert.

Am 9. Oktober schiffte er sich, nachdem er mehr als drei Vierteljahre durch die verschiedensten Teile des Morgenlandes gefahren war, wieder nach Europa ein. Als er in Triest gelandet war, zog es ihn zwar mächtig, so schnell wie möglich weiterzureisen. Aber in Wien machte er doch halt, um den kostbaren Bibelfund dem Kaiser Franz Joseph zu zeigen, der ihm schon früher sein großes Interesse an der Sache bewiesen hatte. Sehr ehrenvoll wurde er in der Hofburg empfangen, und der Kaiser betrachtete mit Staunen den ehrwürdigen Zeugen aus den ersten Jahrhunderten der christlichen Kirche. Der nächste, der den Kodex zu sehen bekam, war sein eigener Landesherr, König Johann von Sachsen, der ihn im Dresdener Schloß empfing und auf mannigfaltige Weise ehrte. Natürlich mußte sich Tischendorf dann in der dortigen russischen Botschaft melden, wo er den Auftrag des Kaisers erhalten hatte. Fürst Wolkowsky war hoch erfreut, daß alles über Hoffen und Erwarten gelungen war, und veranstaltete im Gesandtschaftspalais eine Ausstellung, zu der eine Menge von Menschen aller Stände herbeiströmte, um den schnell berühmt gewordenen Kodex zu sehen.

Von Dresden reiste Tischendorf nach einem ganz kurzen Wiedersehen mit seiner Frau und seinen Kindern in Leipzig unverzüglich weiter nach Petersburg, wo er Mitte November ankam.

Das russische Kaiserpaar empfing ihn mit großer Freude und herzlichen Glückwünschen im Sommerpalast Zarskoje-Selo und nahm mit dem Großfürsten und der ganzen Hofgesellschaft den Kodex in Augenschein, immer noch in dem roten Tuch, in dem er vor acht Monaten zu Füßen des heiligen Berges entdeckt worden war. Die Besichtigung fand im „Chinesischen Saal“ des Schlosses statt. Nicht nur der *Codex Sinaiticus* als das große Hauptstück lag dort zur Schau ausgestellt, sondern auch der gesamte Bestand der übrigen Handschriften, die der glückliche Entdecker vom fernen Morgenland mitgebracht hatte. Auch die zwölf Palimpseste, die dabei waren, erregten mit ihren alten, verblichenen, vor Jahrhunderten abgewaschenen Schriftzügen das größte Interesse. Der Kaiser war hoch erfreut, daß dieser Schatz fortan russischer Besitz sein sollte. Den versammelten höchsten Würdenträgern der russischen Kirche, dem Heiligen Synod, legte Tischendorf den Kodex an einem späteren Tag vor. Auf besonderen Wunsch des Kaisers wurde dann in den stattlichen Räumen der kaiserlichen öffentlichen Bibliothek eine Ausstellung der sämtlichen Handschriften und Altertümer eröffnet, die nicht nur von den höchsten Kreisen, sondern auch von zahlreichen Männern und Frauen des einfachen Volkes besucht wurde.

In ganz Europa aber wurde der merkwürdige Fund am Berg Sinai in allen Zeitungen und Kreisen besprochen. Es klang wie ein Märchen, daß im weltfernen Kloster in der Wüste nach jahrhundertelanger Vergessenheit ein solcher Schatz entdeckt und in allerletzter Stunde vor dem Feuertod gerettet werden konnte, und jedermann pries den Mann glücklich, dessen unermüdlicher Ausdauer und Tatkraft das gelungen war. Fast alle europäischen Höfe überschütteten ihn mit einer solchen Fülle von Orden und Auszeichnungen, daß sie auf der Brust des einen Mannes unmöglich hätten Platz finden können.

Die Herausgabe der Sinaihandschrift

Die nächste Aufgabe bestand in der Herausgabe der alten Bibelhandschrift, die durch Gottes Gnade unter den Stürmen vieler Jahrhunderte bis auf unsere Zeit erhalten und wieder ans Licht gefördert worden war. Um sich ganz dieser Aufgabe widmen zu können, erhielt Tischendorf eine ehrenvolle Berufung nach Petersburg, die ihn auch äußerlich viel glänzender gestellt hätte als in seiner Universitätsprofessur in Leipzig. Aber es bedurfte gar nicht der Bemühungen der sächsischen Regierung, um seine Kraft dem Vaterland zu erhalten; er selbst trachtete in dieser Beziehung nicht nach hohen Dingen. Er lehnte also ab, erklärte sich aber selbstverständlich bereit, sein bisheriges Werk damit zu krönen, daß er in Leipzig die Herausgabe im Namen und Auftrag des russischen Kaisers besorgte. Mehrere Reisen nach Petersburg dienten dazu, mit der russischen Regierung zu vereinbaren, nach welchen Grundsätzen die Herausgabe veranstaltet werden sollte.

Diese Reisen, jedesmal im Winter, waren damals noch nicht so bequem wie heute, wo man sich in Berlin in den durchgehenden warmen Wagen oder Schlafwagen setzt und behaglich sitzenbleibt, bis in Petersburg der Schaffner ruft: „Aussteigen!“ Nein, von Königsberg an ging's zunächst im Postwagen nach Osten. Drin in Rußland flog man im Schlitten durch verschneite Gefilde und hoch aufgetürmte Schneemassen. Wiederholt blieb man im tiefen Schnee stecken, und der Schlitten oder Wagen drohte umzuschlagen. Alles mußte aussteigen, bis wieder Bahn gemacht war. Einmal mußte sich Tischendorf, um nur weiterzukommen, einen eigenen Schlitten kaufen. Und wenn der einsame Schlitten über die leblose, weiße Fläche dahinjagte, umschweiften ihn nicht selten hungrige Wölfe, die dem Gefährt mit lechzendem Schnauben nachrannten. So war es oft eine abenteuerliche Fahrt. Aber endlich erreichte er die russische Eisenbahn, die ihn dann ohne weitere Fährlichkeit nach Petersburg brachte, wenn auch mit einer gehörigen Erkältung behaftet.

Hier war man ganz mit ihm einverstanden, daß die äußere Gestalt der Ausgabe der Wichtigkeit der unvergleichlichen Urkunde entsprechen müsse. Ebenso sollte sie, weil im Namen und Auftrag des Kaisers veranstaltet, in jeder Hinsicht eine Prachtausgabe sein. Mit dieser Weisung kehrte er an seine Arbeit nach Leipzig zurück.

Über die Art der Vervielfältigung war Tischendorf anfangs im Zweifel. Von manchen Seiten wurde eine fotografische Wiedergabe empfohlen, und der Kaiser war durchaus bereit, die erforderlichen 300 000 Mark daranzuwenden. Dennoch beschloß er nach längerer Überlegung, von der Fotografie abzusehen. Viele Seiten, deren Schriftzüge teils sehr verblichen waren, teils massenhafte und umfängliche Korrekturen und Rasuren, oft eine über der anderen, enthielten, ließen nur ein unvollkommenes Gelingen der Fotografie erwarten. Dazu kam, daß die Herstellung von 700 Foliotafeln mit 210 000 Abzügen für die in Aussicht genommenen 300 Exemplare sehr viel Zeit gekostet hätte. Und endlich erhoben sich gewichtige Stimmen, die die vollkommene Dauerhaftigkeit der Fotografien für Jahrhunderte bezweifelten. So entschloß sich Tischendorf, nur eine größere Zahl von besonders interessanten Blättern für besondere Zwecke fotografieren, im übrigen aber das Werk durch Druck vervielfältigen zu lassen. Dadurch wurde auch die Herausgabe beschleunigt. Diese Beschleunigung lag zunächst im Interesse der Wissenschaft, denn begreiflicherweise erwartete man das Werk in allen beteiligten Kreisen mit der größten Spannung. Aber es kam noch hinzu, daß im Herbst 1862 die tausendjährige Jubelfeier der russischen Monarchie bevorstand, zu deren Verherrlichung der Kaiser den Kodex veröffentlicht sehen wollte. Bis zu diesem Zeitpunkt standen aber nur noch 27 Monate zur Verfügung, für die Riesenaufgabe eine fast allzu kurze Frist. Der Leser wird vielleicht denken, mehr als zwei Jahre seien für den Druck eines Werkes reichlich viel Zeit. Aber aus den folgenden Darlegungen wird er leicht verstehen, daß das in diesem Fall nicht zutraf.

Nun folgten also mehr als zwei Jahre, in denen Tischendorf Tag für Tag an seinem vor 13 Jahrhunderten geschriebenen Kodex saß und arbeitete. Dabei lernte er seinen Kodex nicht nur in-, sondern auch auswendig aufs genauste kennen. Die großen Blätter bestanden ja alle aus Pergament, das heißt aus ungegerbter, nur von Haaren befreiter und gereinigter, mit Kalk gebeizter und geglätteter Tierhaut. Bald lernte er unterscheiden, ob die Pergamentblätter aus den Fellen von Gazellen oder anderen Tieren hergestellt waren. Farbe, Feinheit und Geschmeidigkeit des Pergaments waren je nachdem verschieden. Für die Deutlichkeit der Schrift kam auch in Betracht, ob die alten Schönschreiber auf die Haar- oder Fleischseite der geglätteten Felle geschrieben hatten.

Wir wollen ihm einmal über die Schulter sehen, wie er an seinem geliebten Kodex arbeitet und studiert.

Aber der Leser würde große Augen machen, wenn er diese Schriftzüge sähe. Alles sieht so ganz anders aus als unsere heutigen gedruckten Bücher. Da fehlt vor allem ganz der Unterschied zwischen kleinen und großen Buchstaben. Was wir da sehen, sind lauter große, sogenannte Unzialbuchstaben. Auch etwas anderes fehlt, was uns in unseren heutigen Bibeln als etwas ganz Selbstverständliches vorkommt. Wir können es uns ja gar nicht anders denken, als daß jedes biblische Buch in Kapitel und Verse abgeteilt ist, so daß wir beim ersten Blick sehen können, welche Stelle wir vor uns haben. Davon ist in dem *Codex Sinaiticus*, der da auf dem Tisch liegt, keine Rede. Nirgends ist in der fortlaufenden Schrift ein Abschnitt zu erkennen. Ferner sind in unseren heutigen Bibeln die Sätze durch Komma, Punkt oder Fragezeichen getrennt, was die Erfassung des Sinnes schon äußerlich sehr erleichtert. Außerdem sind bei uns die einzelnen Wörter durch Zwischenräume voneinander geschieden, wodurch das Auge beim Lesen noch mehr unterstützt wird als durch den Unterschied von großen und kleinen Buchstaben.

Von alldem ist im *Codex Sinaiticus* wie in allen Handschriften von gleichem Alter nicht die Rede. Von der Kapiteleinteilung, die erst Stephan Langton, der spätere Erzbischof von Canterbury zu Anfang des 13. Jahrhunderts eingeführt hat, findet sich noch keine Spur. Auch die Einteilung der Kapitel in Verse ist erst nach der Zeit Martin Luthers eingeführt worden, und zwar im Jahr 1551 durch den Pariser Buchdrucker Robert Stephanus, der sie beim Druck eines von ihm herausgegebenen Neuen Testaments auf eigene Faust vorgenommen und damit für die ganze Welt und für alle Zeiten festgelegt hat. Beide Einteilungen, die in

Kapitel und die in Verse, sind leider oft höchst ungeschickt und unverständig getroffen worden, so daß sie an vielen Stellen das Verständnis und die Erfassung des Zusammenhangs viel mehr stören als unterstützen. Von alledem ist im *Sinaiticus* noch nichts zu sehen. Da gibt's keine Kapitel, keine Verse, keine Trennung der einzelnen Wörter voneinander, keinen Unterschied zwischen großen und kleinen Buchstaben. Alles ist von Anfang bis zu Ende eines Buches in lauter großen Buchstaben („Unzialschrift") geschrieben, die ohne irgendeine Unterbrechung Zeile an Zeile aneinandergereiht sind.

Die Pergamentblätter in sehr großem Format enthalten die Schrift in vier Kolumnen (Spalten), wie sie der Leser in den beiden beigegebenen Schriftproben des Codex Sinaiticus in getreuer Nachbildung sehen kann. Sie sind dem ersten Kapitel des Evangelisten Markus entnommen. An der so gestalteten Handschrift hatte Tischendorf nun lange Zeit zu arbeiten, um das große Werk zum Druck vorzubereiten.

Mit dem Druck konnte aber nicht so bald begonnen werden. Denn die Lettern, mit denen man sonst Bücher druckte, konnten für dieses Buch samt und sonders nicht gebraucht werden. Da jeder Buchstabe der Urschrift aufs genauste gleichen sollte, mußten ganz neue Lettern hergestellt werden, wie sie der Buchdruck der ganzen Welt noch nicht kannte.

Mit dieser schwierigen Aufgabe betraute Tischendorf die rühmlich bekannte Druckerei von Giesecke & Devrient in Leipzig. Hier wurden die Buchstaben der Handschrift zunächst fotografiert und danach die Stempel derjenigen Schriftformen geschnitten, die den fortlau-

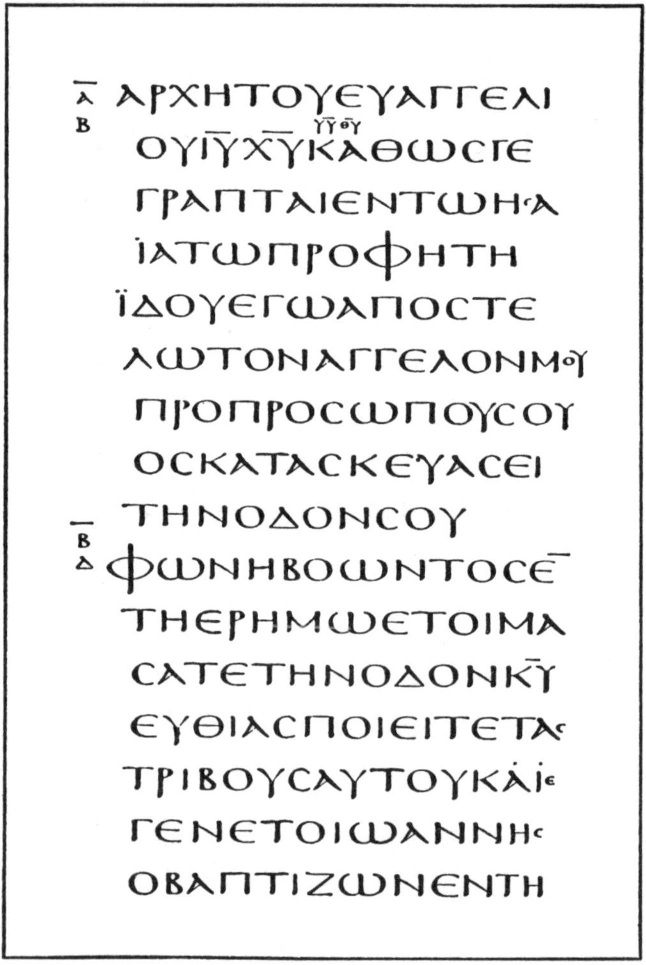

Α Β ΑΡΧΗΤΟΥΕΥΑΓΓΕΛΙ
ΥΥ ΘΥ
ΟΥΙΥΧΥΚΑΘΩϹΓΕ
ΓΡΑΠΤΑΙΕΝΤΩΗϹΑ
ΙΑΤΩΠΡΟΦΗΤΗ
ΪΔΟΥΕΓΩΑΠΟϹΤΕ
ΛΩΤΟΝΑΓΓΕΛΟΝΜΟΥ
ΠΡΟΠΡΟϹΩΠΟΥϹΟΥ
ΟϹΚΑΤΑϹΚΕΥΑϹΕΙ
ΤΗΝΟΔΟΝϹΟΥ
Β Δ ΦΩΝΗΒΟΩΝΤΟϹΕ
ΤΗΕΡΗΜΩΕΤΟΙΜΑ
ϹΑΤΕΤΗΝΟΔΟΝΚΥ
ΕΥΘΙΑϹΠΟΙΕΙΤΕΤΑϹ
ΤΡΙΒΟΥϹΑΥΤΟΥΚΑΙΕ
ΓΕΝΕΤΟΙΩΑΝΝΗϹ
ΟΒΑΠΤΙΖΩΝΕΝΤΗ

Markus 1, 1—4

Die Schrift besteht aus lauter großen Buchstaben ohne Wortteilung und Satzzeichen ω

Δ̅ Α ΚΑΙΕΓΕΝΕΤΟΕΝΕΚΕΙ

ΝΑΙϹΤΑΙϹΗΜΕΡΑΙϹ

ΗΛΘΕΝΙ̅Ϲ̅ΑΠΟΝΑΖΑ

ΡΕΤΤΗϹΓΑΛΙΛΑΙΑϹ

ΚΑΙΕΒΑΠΤΙϹΘΗΕΙϹ

ΤΟΝΙΟΡΔΑΝΗΝΫΠΟ

Ε̅ Α ΪΩΑΝΝΟΥΚΑΙΕΥΘΥϹ

ΑΝΑΒΕΝΩΝΕΚΤΟΥ

ΫΔΑΤΟϹΕΙΔΕΝϹΧΙ

ΖΟΜΕΝΟΥϹΤΟΥϹ

Ο̅Υ̅Ν̅Ο̅ΥϹΚΑΙΤΟΠ̅Ν̅Α

ΩϹΠΕΡΙϹΤΕΡΑΝΚΑ

ΤΑΒΑΙΝΟΝΚΑΙΜΕ

ΝΟΝΕΠΑΥΤΟΝ

ΚΑΙΦΩΝΗΕΚΤΩ̅

Markus 1, 9—11

Getreue Nachbildung einer Kolumne aus dem Codex Sinaiticus. Jede Seite hat vier solche Kolumnen nebeneinander fenden Text bildeten. Aber diese erste Schriftart genügte noch nicht. Da waren ja fast auf allen Seiten der Urschrift Randbemerkungen, Überschriften, Unterschriften, Beischriften, die alle ein bedeutend kleineres und etwas andersartiges Alphabet aufwiesen. Und da diese Korrekturen und später darüber gesetzten Schriften bei der Herausgabe alle ganz genau an derselben Stelle und in derselben Gestalt erscheinen sollten, mußten auch diese Kleinigkeiten fotografiert und danach Buchstabe für Buchstabe ein ganz genau gleichartiges Alphabet geschnitten werden. Aber auch damit noch nicht genug. Ein drittes, noch kleineres Alphabet mußte zur genauen Wiedergabe der etwa 16 000 Korrekturen und ganz kleinen Beischriften hergestellt werden. Was das für eine Mühe war, die Tischendorfs Kopf und Augen aufs äußerste anstrengte, kann sich der Leser kaum vorstellen. Denn die Schriftzüge waren ja nicht klar und scharf wie in einem gedruckten Buch, sondern es handelte sich vielfach um verblichene Schriftzüge, die vor anderthalb tausend Jahren durch Ausradierung, Zwischenschriften und mancherlei Zeichen verändert worden waren.

Während dieser umfangreichen Vorarbeiten bei Giesecke & Devrient ließ Tischendorf in der bewährten Fabrik von Ferdinand Flinsch in Leipzig ein Kupferdruckpapier größten Formats besonders anfertigen, das nicht nur schön und dauerhaft sein, sondern auch dem Pergament der Handschrift möglichst ähnlich sehen mußte. Auf echtes Pergament wurden nur 20 Exemplare gedruckt, die für fürstliche Empfänger bestimmt waren.

Endlich konnte im Juni 1860 der Druck beginnen, und in den ersten Tagen des Juli sah Tischendorf mit Bewegung den ersten fertigen Bogen auf seinem Tisch liegen. Beim Fortschreiten des Drucks wurden noch manche Verbesserungen vorgenommen, die eine noch genauere Nachahmung der Handschrift bezweckten. Nach peinlicher Untersuchung der einzelnen Buchstaben zeigte es sich nämlich, daß der Kodex nicht von einer und derselben Hand geschrieben war. Wahrscheinlich in Alexandrien entstanden, wo die geschicktesten und berühmtesten Schönschreiber jenes fernen Jahrhunderts lebten, war die gesamte Schreibarbeit offenbar an verschiedene Schönschreiber verteilt worden. Zwar war die Schrift des ganzen Kodex so wunderbar gleichmäßig, daß jeder Laie darauf gewettet hätte, sie stamme von einem und demselben Schreibkünstler. Aber Tischendorf, der erste Paläograph seiner Zeit, stellte mit seinem scharfen Auge vier verschiedene Hände fest, deren jede vor den anderen gewisse Eigentümlichkeiten voraus hatte. Er ließ daher eine Menge von Ergänzungsbuchstaben schneiden und gießen, wodurch zum Beispiel allein für den Buchstaben O (Omega) sieben verschiedene Formen entstanden. Die kleinste Linie mußte ganz genau mit der Vorlage übereinstimmen, auch die vielen kleinen Unregelmäßigkeiten der Urschrift. Mit das Mühsamste und Zeitraubendste war, daß auch die Entfernung der einzelnen Buchstaben voneinander, die die alten Schreibkünstler nach bestimmten Regeln recht ungleichmäßig gestaltet hatten, mit peinlicher Genauigkeit wiedergegeben werden sollten. Man kann sich kaum vorstellen, was für eine ungeheure Arbeit damit verbunden war. An jeder einzelnen Stelle mußte Tischendorf dem Setzer diese Entfernung besonders vorschreiben und dann bei der Korrektur genau darauf achten. Diese Entfernung der Buchstaben voneinander wurde durch Einschiebung von feinsten Metallblättchen zwischen den einzelnen Typen bewirkt. Jede einzelne

Seite ergab durchschnittlich 1200 solcher Zwischenräume mit mehr als 2500 Blättchen. Bei der Korrektur mußte Buchstabe für Buchstabe nochmals mit der Urschrift verglichen werden, um danach die Zahl der einzuschiebenden Blättchen zu bestimmen. So wurden zum Beispiel allein für den Text des Neuen Testaments mehrere hunderttausend dieser Metallblättchen von verschiedener Größe ausgemessen, eingefügt und nachgerechnet.

Durch diese unerwartete Vermehrung der Arbeit wurde die Vollendung des Werkes innerhalb eines so kurzen Zeitraums fast zur Unmöglichkeit. Um die drei Foliobände innerhalb zweier Jahre zu vollenden, galt es nichts Geringeres, als daß allwöchentlich 32 Kolumnen des vierspaltigen Textes von je 48 Zeilen handschriftlich zum Druck zugerüstet, gesetzt, korrigiert, revidiert und endgültig gedruckt wurden. Zwischen diese so peinliche Aufmerksamkeit erfordernden Arbeiten kamen außerdem noch manche Reisen. Mehrmals wurde eine Reise nach Petersburg notwendig. Auch König Wilhelm von Preußen sprach den Wunsch aus, den Kodex zu sehen. Dazu reiste Tischendorf nach Berlin und fand bei Vorlegung der Handschrift das größte Interesse des Königs- und Kronprinzenpaares.

Trotz aller Schwierigkeiten gelang es dem rastlosen Fleiß Tischendorfs, das Werk rechtzeitig fertigzustellen. Nach Ostern 1862 war der Druck der drei Foliobände mit 22 Büchern des Alten und 29 des Neuen Testaments, einschließlich des Barnabas- und Hermasbriefes, vollendet. Die Leistungen der Druckerei, an die so außergewöhnliche Anforderungen gestellt wurden, waren über alles Lob erhaben. Alles entsprach aufs genauste der Urschrift. Die bräunliche Druckfarbe war der Urschrift vollkommen angepaßt. Die oft mitten im Text stehenden roten Buchstaben und mannigfache kleine Zeichen waren getreu wiedergegeben.

Eine weitere gewaltige Arbeit Tischendorfs war die wissenschaftliche Einleitung und Erläuterung der Sinaihandschrift. Sie bildete den vierten Folioband des Werkes. Darin hatte er 15 000 Erläuterungen gegeben, deren größter Teil die Änderungen betrifft, die die Hände der alten vom 4. bis 9. und 12. Jahrhundert tätigen Korrektoren in die Urschrift eingetragen haben. Mehrere tausend Erläuterungen betreffen solche Stellen, deren Beurteilung überaus schwierig war, weil die ursprüngliche Schrift durch Radierung vertilgt und die radierte Stelle von neuem überschrieben worden, nicht selten auch die Korrektur des früheren durch einen späteren Korrektor wieder gänzlich ausradiert oder verändert worden war. Dabei galt es nicht nur, festzustellen, was ursprünglich und was später gelesen worden ist, sondern es mußte auch der Urheber jeder einzelnen Korrektur unter den sieben verschiedenen Verbesserern ausfindig gemacht werden.

Aber, wie gesagt, trotz der Kürze der Zeit war alles wohlgelungen, und Tischendorf konnte das ganze fertige Werk, all die 300 Nachbildungen der uralten Handschrift, die er am Sinai aufgefunden hatte, rechtzeitig zum tausendjährigen Jubiläum nach Rußland bringen. Am Tag seiner Abreise nach Petersburg, am 6. Oktober 1862, gingen zugleich 31 Kisten mit 1232 Foliobänden im Gewicht von 130 Zentner dorthin ab. Mitte Oktober traf er in der russischen Hauptstadt ein, am 10. November nahm das Kaiserpaar in Zarskoje-Selo unter dem Ausdruck des lebhaftesten Dankes die ersten Exemplare aus seinen Händen entgegen.

Das erste Blatt des Werkes enthielt die Widmung an das Kaiserpaar, in der es heißt: „Der Herr hat es gefügt, daß unter den Auspizien Eurer Kaiserlichen Majestät dieser christliche Urkundenschatz vor drei Jahren aus einem Klosterwinkel des Orients nach Europa gebracht wurde. Seine Gnade ließ auch die Bewältigung vieljähriger Arbeit innerhalb dreier Jahre gelingen und läßt mich nun denselben Schatz zu Füßen Eurer Kaiserlichen Majestät niederlegen. Es geschieht mit der freudigen Genugtuung, daß die hohe Bedeutung der Handschrift, die ich im voraus so zuversichtlich vertrat, sich glänzend bestätigt hat. Es gibt keine Urkunde dieser Art, die für ihren uralten Adel gültigere Beweise aufzuweisen hätte. Aus dem höchsten christlichen Altertum treten ehrwürdige Väter des Morgen- und Abendlandes als Zeugen dafür auf, daß der Kirche ihres Zeitalters das Wort Gottes in ganz ähnlichen Urkunden vor Augen gelegen hat.

So hat denn diese christliche Reliquie aus der Zeit der ersten christlichen Kaiser wie ein verborgenes Heiligtum am Fuß jenes Berges geruht, auf dessen Gipfel einst Mose die Herrlichkeit Gottes geschaut und die Gesetzestafeln aus Gottes Hand empfangen hat. Aber nach vielhundertjähriger Verborgenheit war sie dazu ausersehen, in die Hand Eurer Majestät gelegt zu werden, um mit ihrer beredten Botschaft alter heiliger Wahrheit der gesamten christlichen Welt geschenkt zu werden."

Von den in größtem Format gedruckten 300 Prachtbänden wurden 223 an die namhaftesten Bibliotheken der Christenheit als Geschenk des russischen Kaisers abgesandt. Selbstverständlich ging auch ein Stück des vierbändigen Prachtwerkes dem Katharinenkloster am

Sinai mit einem goldenen Gegengeschenk des Kaisers zu; eines auch an die Familie von Tischendorf. Die übrigen 77 schenkte der Kaiser dem Entdecker Konstantin von Tischendorf, um sie buchhändlerisch verwerten zu lassen. Sie wurden daher von Petersburg wieder nach Leipzig zurückgeschickt und von Giesecke & Devrient zu hohen Preisen verkauft.

Durch diese Verbreitung des Werkes durch die ganze Welt war nunmehr der Text des *Sinaiticus* in denkbar getreuster Nachahmung der Urschrift Gemeingut der Christenheit geworden. Nachdem kurz darauf auch die längst beabsichtigte Schenkung des Kodex durch eine Abordnung vom Sinai an den Kaiser vollzogen war, fand der Kodex seinen Platz in der öffentlichen Bibliothek in der damaligen russischen Hauptstadt.

Im Jahr 1933 haben die Sowjets den Kodex um zwei Millionen Schilling (etwa zwei Millionen D-Mark) an England verkauft. Dort ist er im Britischen Museum in London ausgestellt.

Die Wichtigkeit der Sinaihandschrift

Nun wird der Leser gewiß schon lange gefragt haben: Wie alt ist denn die Sinaihandschrift? Darauf muß ich noch antworten. Leider trägt sie selbst keinen Geburtsschein auf ihren Pergamentblättern. Wir sind daher auf die Merkmale angewiesen, die sie sonst an sich trägt. Diese sind aber so klar und unzweideutig, daß ihr Alter mit ziemlicher Genauigkeit festgestellt werden kann.

Zunächst steht fest, daß Kaiser Justinian in Konstantinopel das Sinaikloster im Jahr 530 gestiftet hat. Er hatte für dieses Heiligtum eine ganz besondere Verehrung und war eifrig darauf bedacht, es mit allem auszurüsten, was zu einem hervorragenden Kloster gehört. Dazu gehört aber unzweifelhaft auch eine Bücherei. Und in einer solchen durfte doch außer den Heiligenlegenden und dergleichen vor allem die Bibel nicht fehlen. Das der Sinaihalbinsel so nahe Alexandrien barg im vierten Jahrhundert die berühmtesten Schreibkünstler, die die bestellten Bücher mit größter Schönheit und Gleichmäßigkeit herzustellen wußten. Es lag nahe, daß der Kaiser eine dort geschriebene Bibel in das von ihm so wert gehaltene Kloster stiftete. Und tatsächlich weist die tadellose Schrift neben anderen Merkmalen auf alexandrinischen Ursprung hin.

Doch das sind nur Vermutungen. Um sicher zu gehen, muß man die Handschrift selbst nach ihrem Alter befragen. Da kommt es auf genaue Untersuchung der geschichtlichen Merkmale und der Beschaffenheit der Schrift an. Paläographen, das heißt Kenner der ältesten Handschriften, sowie Kenner der Kirchengeschichte können hieraus so untrügliche Beweise erbringen, daß das Alter der Sinaihandschrift gar keinem Zweifel unterliegen kann. Doch das ist Sache der Gelehrten und geht über den Rahmen dieser Schrift hinaus. Wir können uns damit begnügen, das einstimmige Urteil der Forscher wiederzugeben. Was Tischendorf damals als der erste Meister der Paläographie feststellte, dem stimmte die gesamte gelehrte Forschung jener Tage bei. Er schrieb in die Widmung seines Kodex die Worte hinein: „Es gibt unter allen ähnlichen Handschriften keine, die so gültige Beweise für ihren uralten Adel aufzuweisen hätte."

Alles weist mit Bestimmtheit darauf hin, daß der Codex *Sinaiticus um die Mitte des vierten Jahrhunderts* geschrieben worden ist.

Daß die alexandrinischen Schönschreiber des 4. Jahrhunderts die griechische Sprache gar nicht verstanden, war der treuen Erhaltung des Textes nur günstig, denn so fühlten sie sich nicht versucht, Korrekturen anzubringen, wie es so viele spätere Abschreiber in guter Meinung, aber doch im Unverstand getan haben.

Aber, wird der Leser fragen, haben wir denn in unserem Neuen Testament nicht mehr den ursprünglichen Apostеltext? Bis auf kleine Abweichungen gewiß. Aber vor Erfindung der Buchdruckerkunst mußten ja alle Bücher mit der Hand geschrieben werden. Auch die Schriften des Neuen Testaments konnten nur dadurch erhalten werden, daß ihr Text von der Apostelzeit an fort und fort abgeschrieben wurde. Indem aber Abschrift von Abschrift gemacht wurde, lief der Text begreiflicherweise Gefahr, fehlerhaft zu werden. Daran waren vielfach Fahrlässigkeit, Mißverständnis und Unwissenheit der Abschreiber schuld, zumal da die damalige Schrift wie beim *Sinaiticus* keine Worttrennung, kein Komma und keinen Punkt kannte; es wurde eben ohne Zwischenräume Buchstabe an Buchstabe gereiht. Vielfach war an diesen Veränderungen nicht nur Unaufmerksamkeit, sondern unberufener Eifer der Abschreiber schuld; sie wollten den Ausdruck verbessern, Erzählungen vervollständigen, vermeintliche Verschiedenheiten oder Widersprüche ausgleichen, dachten aber nicht daran, daß sie sich dadurch am Bibeltext versündigten.

Ich möchte nun nicht, daß der Leser auf den Gedanken komme, er könne seinem Neuen Testament, in dessen alten Handschriften sich einige Fehler eingeschlichen haben, nicht mehr recht trauen. Dazu liegt nicht der mindeste Anlaß vor. Nur an wenigen Stellen haben die Verschiedenheiten wichtige sachliche Bedeutung.

So fehlen im Codex Sinaiticus wie auch im Codex Vaticanus der uns geläufige Schluß des Markusevangeliums, Mk. 16, 9—20, wobei wohl kaum anzunehmen ist, daß Markus den Evangeliumsbericht mit Vers 8 beschlossen hat. Dagegen finden sich die Verse 9—20 in der Alexandrinischen Handschrift (Codex A), im Pariser Palimpsest (Codex C), im Codex D sowie Bezugnahme darauf schon bei den Kirchenvätern Irenäus (gest. 202), Tertullian (gest. 220) und anderen.

Noch ein Beispiel. Im ersten Vers des Epheserbriefes lesen wir in unseren Bibeln, er sei gerichtet „an die Heiligen zu Ephesus“. Aber das Wort Ephesus fehlt im *Codex Sinaiticus* wie in allen alten Handschriften. Es ist also erst von späteren Abschreibern hinzugefügt worden.

Daraus ergibt sich, was man übrigens aus inneren Merkmalen schon immer vermutet hatte, daß dieser Brief gar nicht an die Epheser gerichtet ist. Wahrscheinlich ist er von Paulus während einer Gefangenschaft in Ephesus selbst geschrieben, kann dann also unmöglich nach Ephesus gerichtet sein. Er ist vielmehr, wie sich aus seinem sonstigen Inhalt mit großer Wahrscheinlichkeit ergibt, ein Rundbrief, der an eine Reihe von Gemeinden, wahrscheinlich in Kleinasien, gerichtet ist. Nun erwähnt Paulus im Kolosserbrief (4, 16) einen Brief, den er an die Gemeinde in Laodizea gesandt habe und den sich die Kolosser auch zum Vorlesen geben lassen sollten. Dieser Rundbrief, der demnach zuerst in Laodizea, dann in Ephesus und weiterhin in anderen kleinasiatischen Gemeinden vorgelesen werden sollte, scheint kein anderer zu sein als der, den wir heutzutage Epheserbrief nennen.

Noch ein letztes Beispiel. Im 5. Kapitel des Evangeliums des Johannes steht die bekannte, ergreifende Geschichte von der Heilung am Teich Bethesda. Am Rand des Teichs lagen viele Kranke, Blinde, Lahme, Verdorrte. Auch Jesus kam eines Tages dorthin. Er sah einen Menschen, der schon 38 Jahre lang krank gelegen hatte. Ein tiefes Mitleid ergriff Ihn, und Er heilte ihn. In unserem Neuen Testament lesen wir nun gleich am Anfang die Worte: „die (Kranken) warteten, wann sich das Wasser bewegte; denn ein Engel fuhr herab zu seiner Zeit in den Teich und bewegte das Wasser. Welcher nun zuerst, nachdem das Wasser bewegt war, hineinstieg, der ward gesund, mit welcherlei Seuche er behaftet war.“ Diese Worte hat Johannes nie geschrieben. Sie fehlen im *Sinaiticus*, im *Alexandrinus* in London (A), im *Vaticanus* in Rom (B) und im Pariser Palimpsest (C), auch in den noch älteren Papyrushandschriften. Daraus geht klar hervor, daß die Kirche bis zum 4. Jahrhundert diese Worte nicht gekannt hat, daß sie also ein nach dem 4. Jahrhundert gemachter Zusatz sind. Wer hat ihn gemacht? Ein späterer Abschreiber, wohl 400 Jahre nach der Heilung am Teich Bethesda, dazu fern von Palästina und unbekannt mit der Örtlichkeit in Jerusalem, hat sich Gedanken darüber gemacht, warum wohl am Teich Bethesda so viele Kranke gelegen haben, und erklärte sich die Sache so, daß ein Engel herabstieg und das Wasser in eine heilkräftige Bewegung versetzte. Um den Lesern die Sache auch verständlich zu machen, trug er seine Gedanken in den Text ein, bedachte aber nicht, daß er damit den ursprünglichen Text fälschte, wenn auch in bester Meinung. So hielt die Christenheit viele Jahrhunderte lang diese Worte für apostolisch. Erst im 19. Jahrhundert brachten die wieder aufgefundenen alten Handschriften die Tatsache ans Licht, daß Johannes selbst von der Wasserbewegung durch den Engel kein Wort in sein Evangelium geschrieben hat.

So gibt es noch andere Stellen, die an ihrem Ort von sachlicher Bedeutung sind, jedoch samt und sonders den Glaubensstand der christlichen Gemeinde nicht berühren. Die weitaus meisten verschiedenen Lesarten, man kann fast sagen alle, sind lediglich sprachlicher Natur und haben nur für Gelehrte Bedeutung. Der Bibelleser kann sich also gerade nach all diesen eingehenden Forschungen darauf verlassen, daß er die echten Schriften der Apostel in Händen hat.

Seit dem 16. Jahrhundert haben wir ja nun gedruckte griechische Neue Testamente. Aber auch diese weisen sehr viele Verschiedenheiten auf, weil sie sich bald nur an eine, bald an mehrere Handschriften anschlossen, und zwar oft unter Leitung von Männern, die wenig von der Sache verstanden. Erst die neuere Zeit hat den Grundsatz aufgestellt, daß uns der Bibeltext so heilig und ehrwürdig sein muß, daß wir keine Mühe scheuen dürfen, um die Fehler der Abschreiber zu beseitigen. Das kann natürlich nur so erreicht werden, daß den älteren Abschriften vor allen jüngeren ein beherrschender Vorrang eingeräumt wird. Tischendorf hatte schon vor Entdeckung der Sinaihandschrift sieben Ausgaben des griechischen Neuen Testaments in mehr als 20 000 Exemplaren ausgehen lassen, die er nach diesem Grundsatz bearbeitet hatte. Er hatte dabei auch die kleinsten Verschiedenheiten nicht außer acht gelassen. Denn er war der Ansicht, daß im Neuen Testament, diesem Kronjuwel aller Bücher der Welt, nichts gleichgültig sei, auch nicht sprachliche Formen und Wendungen. Sein Ziel war, das Neue Testament möglichst genau in der Fassung wiederherzustellen, wie es einst aus den Händen der Apostel hervorgegangen ist.

Nach alldem kann der Leser ermessen, von welch unvergleichlicher Bedeutung für die Wissenschaft des Neuen Testaments und für die ganze Kirche der *Codex Sinaiticus* ist. Denn er ist die einzige vollständige unter den drei wichtigsten, mehr als 1500 Jahre alten Handschriften, der vatikanischen, der alexandrinischen in London und dem Pariser Palimpsest Ephräms des Syrers. Unsere deutschen und andere europäische Übersetzungen des Neuen Testaments fußen durchweg auf dem seit Erasmus, dem Zeitgenossen Luthers, üblichen griechischen Text, der im 16. Jahrhundert einigen neueren griechischen Handschriften entnommen war. Das war aber derselbe, der in der byzantinischen Staatskirche während vieler Jahrhunderte durch die Hände von Tausenden von Abschreibern gegangen und viele Fehler, Abweichungen und Ungenauigkeiten aufwies. Mit Entdeckung des *Sinaiticus* war auf diesem Gebiet eine neue Zeit angebrochen. Jetzt war es möglich, wenigstens den im vierten Jahrhundert weitverbreiteten Aposteltext wiederherzustellen, mit dem wir tatsächlich dem apostolischen Zeitalter ganz nahe kommen. Die im Jahr 1930 in Ägypten gefundenen biblischen Papyruskodizes und weitere biblische Papyrushandschriften führen gar bis ins 2. Jahrhundert zurück.

Aber nicht nur für die Wiederherstellung des ursprünglichen Wortlauts, sondern auch für die zur Zeit Tischendorfs so heiß umstrittene Frage der Echtheit der Evangelien war der *Codex Sinaiticus* von großer Bedeutung. Nur ein kleines Beispiel. In dem ums Jahr 120 geschriebenen Barnabasbrief heißt es: „Hüten wir uns also, daß wir nicht etwa, *wie geschrieben steht*, viele Berufene, wenige Auserwählte erfunden werden." Man sieht es der Stelle wahrhaftig nicht auf den ersten Blick an, wie wichtig sie ist. Aber woher kennen wir denn die angeführte Stelle? Bei welchem Evangelisten steht sie? Nur beim Evangelisten Matthäus, und zwar zweimal, im 20. und 22. Kapitel. Was folgt daraus? Daß das Evangelium des Matthäus im Jahr 120 schon als eine allgemein anerkannte apostolische Schrift in der ganzen Kirche bekannt war. Wem verdanken wir diese Nachricht? Nur dem Sinaiticus, durch den der längst verschollene Barnabasbrief wieder ans Licht gekommen ist. Zwar war diese Stelle des Barnabasbriefes schon vor Entdeckung der Sinaihandschrift in einer unvollständigen, sehr mangel- und fehlerhaften lateinischen Übersetzung des Barnabasbriefes bekannt. Aber man hielt diese Übersetzung für ganz unglaubwürdig und unzuverlässig. Noch kurz vor der Entdeckung des *Sinaiticus* hatte Dr. Credner, einer der anerkanntesten Kritiker seiner Zeit, geschrieben: „Der Teil des Barnabasbriefes, der die fragliche Stelle enthält, liegt uns nicht mehr im griechischen Originaltext vor, sondern nur in einer alten lateinischen Übersetzung. Leicht war aber vom Übersetzer den Worten die ihm geläufige Formel ‚wie geschrieben steht' hinzugefügt. Aus inneren Gründen müssen wir daher die Richtigkeit des Textes an unserer Stelle so lange in Zweifel ziehen, bis man uns das Gegenteil beweist." Nun, der Beweis des Gegenteils kam. Nachdem er viele Jahrhunderte lang in der arabischen Wüste unter den alten Pergamentbüchern des Katharinenklosters verborgen gelegen, trat der so lange vermißte Barnabasbrief zur großen Überraschung dieser Kritiker in der griechischen Ursprache wieder ans Licht. Und richtig, da stand auf dem alten Pergament die angefochtene Stelle: „wie geschrieben steht." Also Barnabas selbst, nicht erst sein Übersetzer, hatte sich schon auf das Matthäusevangelium bezogen.

Damit war aber nicht nur für Matthäus bewiesen, daß er schon vor 120 als heilige Schrift in der jungen Kirche anerkannt war, sondern auch für die anderen Evangelien. Denn alles weist darauf hin, daß man damals nicht etwa nur einzelne Evangelien, sondern schon alle vier im kirchlichen Gebrauch hatte, und ganz besonders auch das Johannesevangelium wird neben den drei ersten Evangelien häufig angeführt. Schon bei den frühsten christlichen Schriftstellern des 2. Jahrhunderts, wie Justin, finden wir die vier Evangelien in ein Ganzes zusammengefaßt. Schon nach der Mitte des 2. Jahrhunderts wurden „harmonistische" Werke über die vier

Evangelien unternommen, das heißt eine Zusammenstellung oder Ineinanderreihung der Berichte aller vier Bücher, so daß die verschiedenen Einzelzüge der vier zu einem einheitlichen Bild zusammengefaßt wurden. Und schon Irenäus (gestorben 202) vergleicht die Vierzahl der Evangelien mit den vier Himmelsrichtungen. So drängte alles dazu, anzunehmen, daß die Sammlung der vier Evangelien als einer zusammengehörigen heiligen Schrift ungefähr am Ausgang des 1. Jahrhunderts stattgefunden haben muß. Damals war der hochbetagte Apostel Johannes als der letzte der heiligen Männer, die dem Herrn persönlich nahegestanden hatten, gestorben. Das gab den Anlaß, daß die nachgelassenen Schriften als teure und unvergängliche Vermächtnisse, als wohlverbürgte Zeugnisse von Leben und Lehre des Heilands zur allgemeinen Richtschnur des Glaubens und Wandels gemacht wurden. So haben wir neben anderen Gründen auch durch die Auffindung des *Codex Sinaiticus* einen Nachweis, daß die Evangelien ebenso wie die Episteln, von denen freilich einige nicht allgemeine Anerkennung hatten, schon vor dem Jahr 120 als die Heilige Schrift der christlichen Gemeinde anerkannt waren.

Dazu kommt aber noch ein anderes. Es ist ja schon gesagt, daß der sinaitische Text im Unterschied von allen anderen uns bekannten griechischen Handschriften die größte Ähnlichkeit und Verwandtschaft mit der ältesten lateinischen Übersetzung, der „Itala" des 2. Jahrhunderts, hat. Daraus folgt, daß unsere Evangelien bis zu dieser frühen Zeit schon eine folgenreiche Geschichte durchlaufen haben. Ist das wahr, so müssen doch wohl die Evangelien um den Ausgang des 1. Jahrhunderts schon im Gebrauch gewesen sein. Damit aber rückt die

Geschichte des Textes des Neuen Testaments bis hart an die apostolische Zeit selbst, womit jene früher erwähnten, zur Zeit Tischendorfs gemachten wie auch spätere Versuche, das Neue Testament als ein spätes Machwerk hinzustellen, ein für allemal widerlegt waren. Dies ist durch die Papyrusfunde der letzten Jahrzehnte weiter bestätigt worden.

So war die Entdeckung dieser alten Handschrift des Neuen Testaments ein Fund, der für die ganze Christenheit die größte Bedeutung hatte. Und nur ein Mann von der Tatkraft, Ausdauer, Gewandtheit, Sachkunde und Fachmeisterschaft Tischendorfs war imstande, diese Handschrift zu erwerben, in der vielseitigsten und würdigsten Weise zu veröffentlichen und für die wissenschaftliche Arbeit am Neuen Testament zu verwerten.

Weitere Werke und Lebensende

Hätte Tischendorf weiter nichts getan als den *Codex Sinaiticus* entdeckt, herausgegeben und wissenschaftlich bearbeitet, man würde in der Geschichte des Neuen Testaments und seiner Wissenschaft seinen Namen zu allen Zeiten mit größter Anerkennung nennen. Sein großes Ziel, der Kirche, soweit es menschenmöglich ist, den ursprünglichen Text des Neuen Testaments wiederzugeben, oder doch wenigstens in der Gestalt, in der er der Kirche zur Zeit des Irenäus (gestorben 202) vorlag, hat er von Anfang bis zu Ende seiner wissenschaftlichen Laufbahn mit rastlosem Fleiß verfolgt.

Denselben Zweck haben ja schon vor ihm gelehrte Männer ersten Ranges verfolgt, Bengel, Wettstein, Bentley, Lachmann und andere. Aber was jene mit noch so sehr unzureichenden Mitteln angefangen hatten, hat er bis nahe ans Ziel der Vollendung gebracht und die Arbeiten seiner Vorgänger weit hinter sich zurückgelassen.

Gegen das Ende seines Lebens wollte er den ganzen Ertrag seiner Lebensarbeit in einem abschließenden großen wissenschaftlichen Werk zusammenfassen, der für Gelehrte bestimmten achten Ausgabe seines größeren griechischen Neuen Testaments, der editio octava critica major (1864 bis 1872). Hier wollte er der Nachwelt die ganze Summe seiner kritischen Forschungen hinterlassen. Die Bearbeitung des Textes selbst hat er noch zu Ende geführt. Dagegen mußte er die so überaus wichtigen Erläuterungen dazu, die „Prolegomena“, leider einer späteren Hand überlassen. Sein für den Handgebrauch bestimmtes griechisches Neues Testament ist in 22 Ausgaben erschienen und in vielen Tausenden über den ganzen Erdkreis verbreitet worden. Man braucht nur die letzte Ausgabe mit der ersten zu vergleichen, die ihm einst in jungen Tagen im Jahr 1842 die theologische Doktorwürde von der Universität Breslau eingetragen hatte, um zu sehen, was für ein Riesenfortschritt in diesen 30 Jahren unter seinen Händen erreicht worden war.

Die Gefahr von Talenten, die ihre Kraft einem Sondergebiet menschlichen Wissens zuwenden, ist die Einseitigkeit, die oft sogar zur Beschränktheit werden kann. Davor schützte ihn schon sein kräftiger Lebenssinn, ohne den er sein Ziel niemals hätte erreichen können. Er konnte seine Forschungsreisen im Abend- und Morgenland nicht ohne Unterstützung von Regierungen und einzelnen Förderern der Wissenschaft ausführen. Die mannigfachen und kostspieligen Druckausgaben der ältesten Handschriften waren ohne den Beistand vermögender Gönner der Wissenschaft nicht herzustellen. Er wußte mit seiner Gewandtheit und bedeutenden Persönlichkeit die rechten Wege dazu einzuschlagen. Daß er nicht nur als Gelehrter, sondern auch als vielseitiger Mensch reiste, beweisen die beiden Bücher, in denen er seine Fahrten ins Morgenland fesselnd beschrieben hat. In den Regionen der Höfe, der Aristokratie, der höheren Wissenschaft, in denen er so heimisch war, konnte sich nur ein Mann von vielseitigen Interessen bewegen. Die europäischen Höfe überschütteten ihn mit Anerkennungen. Der König von Sachsen ernannte ihn zu seinem Geheimen Rat. Der Kaiser von Rußland verlieh ihm und seiner Familie den erblichen Adel. In beiden Welten war sein Name der bekannteste von allen evangelischen Theologen seiner Zeit. Zahllos waren die Ehrungen aller Art, die ihm zuteil wurden. Aber nie hat er diese Ehrungen um den Preis der Wahrheit erkauft, nie um der Menschen willen seinen Herrn verleugnet oder von Ihm geschwiegen. Ohne Scheu und Rückhalt hat er Ihn überall bekannt und, wo es galt, auch in schwierigen Lagen festzustehen, immer die Probe bestanden.

Ihn freuten diese Ehrungen, aber sie waren ihm doch nur Nebensache. Die Hauptsache blieb ihm immer die Förderung der theologischen Wissenschaft und der Dienst an der christlichen Gemeinde. Es war sein innigstes Anliegen, daß seine Lebensarbeit dienen möchte zur Ehre Gottes und Seines heiligen Wortes. Die Bibel galt ihm als Gottes Wort, darum war ihm in ihrem Dienst keine Mühe zu viel. Der christliche Glaube war ihm Herzens- und Lebenssache. Er schämte sich des Evangeliums von Christus nicht. Diesem Dienst des Reiches Gottes hat er, das darf man wohl sagen, sein Leben geopfert. Davon zeugen auch seine volkstümlichen Schriften, die damals viel gelesen und in fast alle europäischen Sprachen übersetzt wurden. Die eine hatte den Titel „Wann wurden unsere Evangelien verfaßt?“, die andere: „Haben wir die echten Schriften der Apostel?“ In der ersten trat er dem damals unter der Flagge der Wissenschaft auftretenden modernen Unglauben entgegen, in der zweiten wahrte er der Wissenschaft auch vor der Gemeinde das Recht und die Freiheit der Textkritik.

Übersehen wir die gewaltige Zahl von Büchern und Veröffentlichungen außer der ungeheuren Leistung seiner Textkritik auf weiten Gebieten wissenschaftlicher Forschung, so müssen wir staunen. Es sind ihrer nach meiner Zählung nicht weniger als 72, darunter Sammelwerke von mächtigem Umfang, wie seine große urchristliche Urkundenbibliothek, die sieben Bände seiner *Monumenta sacra*, die zahlreichen Ausgaben des griechischen Neuen Testaments, hinter deren jeder eine gewaltige Arbeit stand. Er hatte eben eine Tatkraft und Beharrlichkeit, wie sie nur wenigen Menschen eigen ist. Es war ein Arbeitsleben ohnegleichen, in dem er sozusagen von Arbeit zu Arbeit jagte.

Aber er hatte noch nicht genug. Große Pläne bewegte er noch in seinem Geist. Im Frühling des Jahres 1873 wollte er aufs neue ins Morgenland hinausziehen, und im Hochsommer beabsichtigte er, an einer großen Versammlung evangelischer Männer in Neuyork teilzunehmen, zu der er dringend eingeladen war. Aber die Arbeiten, mit denen er am Anfang dieses Jahres überbürdet war, überstiegen das Menschenmögliche. Der Mann, dessen Gesundheit unverwüstlich schien, ist dieser ihm aus früheren Verpflichtungen erwachsenen Überspannung seiner Arbeitskraft, so riesig sie schien, schließlich erlegen, und zwar plötzlich inmitten ungeschwächten, frischen, fröhlichen Schaffens.

Am 5. Mai desselben Jahres 1873 traf ihn ein Schlaganfall, von dem er sich nicht mehr erholen konnte. Schwere Wochen und Monate folgten. Wie ein Kind mußte er wieder gehen und sprechen lernen, und seiner Tochter blieb es in steter Erinnerung, wie mühsam und geduldig er sich abmühte, mit der nicht gelähmten Linken schreiben zu lernen. Aber es ging nicht mehr aufwärts. Der 5. Mai des nächsten Jahres kehrte wieder, ohne daß eine merkliche Besserung eingetreten war. Auch der mehrwöchige Aufenthalt in Bad Teplitz brachte keinen Umschwung. Da hat ihm Gott seine so fleißige Feder aus der Hand genommen und ihn in die Stille geführt.

Aber gerade in dieser schweren Zeit, wo die ganze Geisteswelt, in der er sich so lange und so erfolgreich bewegt hatte, für ihn versunken war, kam der kindliche, liebevolle, gläubige Kern seiner Seele mehr denn je zur vollen Erscheinung. Mit festem Glauben hielt er sich an die Gnade und Erbarmung seines Heilands. Die Schlaganfälle wiederholten sich in kurzen Zwischenräumen. Sein Bewußtsein wurde schließlich umnachtet. Aber was sein Innerstes erfüllte, leuchtete doch in klaren Augenblicken wie ein Widerschein der nahen Verklärung hindurch. Im Glauben an seinen Herrn und Heiland entschlief er, fast sechzigjährig, am 7. Dezember 1874.

In seinem Testament stehen die Worte: „Gott hat mir ein glückliches, von Seinem Segen reich geschmücktes Leben geschenkt. Mühe und Arbeit ist's gewesen, aber sie war mir in Wahrheit köstlich. Lege Gott Seinen Segen auch auf das, was ich der Nachwelt hinterlasse: es ist Sein Werk. Meine Hand hat nur Ihm nach meinem besten Wissen und Gewissen, wenn auch in Schwachheit, gedient. In der Wissenschaft verfolgte ich kein anderes Ziel als die Wahrheit. Ihr habe ich unbedingt das Knie gebeugt. Dem Beifall von links oder rechts ordnete ich meine Überzeugung niemals unter. Dem treuen Gott, dessen Gnade an mir so groß gewesen ist, befehle ich meine Familie von ganzem Herzen. Möge mein treues, innigstgeliebtes Weib ihr Leben lang festhalten an ihrem lauteren evangelischen Glauben. Meinen guten herzlieben Kindern aber rufe ich zu aus Herzensgrund: Treibet das Werk eures Lebens emsig und redlich; sucht euer wahres Heil nur im festen Glauben an den Erlöser! Werfet euer Vertrauen immer und immer auf den Herrn! Dienet dem Herrn allezeit in heiliger Freudigkeit, ernst und wahr!"

An seinem Grab standen seine Witwe, drei Söhne und fünf Töchter. Der bekannte Pastor Ahlfeld an Sankt Nikolai hielt die Grabrede. Ihm stand beim Rückblick auf das abgeschlossene Leben vor allem der Berg Sinai vor Augen. Dort hatte einst Mose die Herrlichkeit Gottes geschaut. Und zu seinen Füßen hatte auch Tischendorf ein Stück Herrlichkeit Gottes erlebt, als Gottes Gnade sein unermüdliches Suchen nach dem ältesten Neuen Testament mit ungeahntem Erfolg gekrönt hatte. Darum legte er seiner Grabrede die Worte aus dem 2. Buch Mose 33, 20—23 zugrunde: „Und Gott sprach zu Mose: Mein Angesicht kannst du nicht sehen; denn kein Mensch wird leben, der Mich sieht. Und der Herr sprach weiter: Siehe, es ist ein Raum bei Mir; da sollst du auf dem Felsen stehen. Wenn denn nun Meine Herrlichkeit vorübergeht, will Ich dich in der Felskluft lassen stehen und Meine Hand ob dir halten, bis ich vorübergehe. Und wenn Ich Meine Hand von dir tue, wirst du Mir hintennach sehen; aber Mein Angesicht kann man nicht sehen."

Auch wir sehen zum Schluß dem Herrn hintennach, der über dem Leben Tischendorfs so merkwürdig gewaltet und ihn Wunderwege geführt hat bis in jenen Raum zwischen den Felsen des Berges Sinai, in dem ihm die größte Stunde seines Lebens aufgegangen ist, und weiterhin bis an sein seliges Ende. „Er war ein brennend und scheinend Licht", wie der Herr einmal von einem Größeren gesagt hat.

Nachwort

In den vergangenen Jahren schwappte eine Welle von Beschuldigungen über den verdienten Gelehrten: Konstantin von Tischendorf habe – so wurde in Kirchenblättern und Medien verbreitet – den *Codex Sinaiticus* widerrechtlich aus dem Katharinen-Kloster entfernt und dem russischen Zaren überbracht. Tischendorfs Lebenswerk liegt inzwischen lange zurück, es wurde aber aufgegriffen und weitergeführt. Lebte er noch, er würde seinen Nachfahren kurzerhand antworten: »Ja was denn – ist doch alles längst ordnungsgemäß erledigt!« Auf sein Betreiben wurde schließlich nach mannigfaltigen Hemmnissen die längst geplante Schenkung der Handschrift von seiten der Sinai-Mönche an den russischen Zaren gültig vollzogen: Erzbischof Kallistratos und die Väter des Kairoer wie des Katharinen-Klosters haben am 18. November 1869 die Schenkungsurkunde unterzeichnet. So steht es zu lesen in einem Buch der Tischendorf-Enkelin Hildegard Behrend »Auf der Suche nach Schätzen« (Evgl. Verlagsanstalt Berlin-Ost, 1959; vergriffen). Der *Codex Sinaiticus* wechselte 1933 den Besitzer und befindet sich seitdem im Britischen Museum in London. Eine von Tischendorf unterzeichnete Erklärung, im Falle des Nichtzustandekommens der Schenkung für die Rückführung der Handschrift zum Katharinen-Kloster Sorge zu tragen, befindet sich noch in der Hand der dortigen Mönche; daraus resultiert der Irrtum einer dem Entdecker angelasteten »Handschriftenentführung«.

Rosemarie Siebert
Enkelin des Verfassers
Urenkelin des Konstantin von Tischendorf